danken ✝ bitten

danken + *bitten*

UNTERNEHMER BETEN

EVANGELISCHE VERLAGSANSTALT
Leipzig

Vorwort

Beten ändert nicht die Welt.
Aber es verändert Menschen,
und Menschen ändern die Welt.
Albert Schweitzer

„Herr, erhöre mich." Jeder hat diesen Satz schon einmal in dieser oder einer abgewandelten Form laut oder leise gerufen. Oft in seelischer Not. Und wie oft haben wir alle schon erleichtert ein „Gott sei Dank" ausgestoßen.

Beides macht deutlich: Wir können es nicht allein. Wir sind abhängig von der Gnade des anderen: von Gott. Gerade für uns Unternehmerinnen und Unternehmer, für Menschen in Personal- und Ressourcenverantwortung, ist dies eine wichtige Erkenntnis. Denn allzu oft sind wir in den betrieblichen Entscheidungsprozessen diejenigen, auf die es ankommt. Wir entscheiden. Wer Unternehmen führt, wer Abteilungen leitet, weiß, dass wir Entscheidungen oft in Unsicherheiten hinein treffen müssen. Entscheidungen, bei denen wir uns auf Erfahrung einerseits, entscheidungsrelevante Recherchen andererseits und eben auch auf Gespräche stützen. Zu diesen Gesprächen gehört auch das Gespräch mit Gott. Das Gebet. Weil es manchen schwerfällt, wollen wir Anregungen geben. Wir wollen inspirieren, Mut machen, Raum geben, einladen, und vielleicht dürfen wir mit diesem Büchlein auch die eine oder andere neue Erkenntnis über das Beten mitgeben.

Es ist ein besonderes Gespräch mit vielfältigen Facetten, das Gebet. Eines, das ein menschliches Gegenüber in dieser Vielfalt manchmal kaum aushalten würde. Beste Freunde vielleicht, aber auch die haben nicht immer und auf Dauer die Geduld dafür.

So erhält das Gebet schon daraus seine Einzigartigkeit unter den Gesprächen. Es ist grenzenlos in Zeit, Raum und Inhalt. Gott ist geduldig.

Gleichwohl: Ein Gespräch besteht aus Reden und Zuhören. Uns selbst scheint oft der Anteil des Redens der wichtigste zu sein. Wir wollen etwas mitteilen, manchmal auch durch Aussprechen etwas loswerden.

Reden

Reden können wir alle mehr oder weniger gut. Bitten und danken, klagen und loben. Für uns und über uns. Für andere und über andere.

Im Gebet darf alles zur Sprache kommen, was uns bewegt, und es darf auch in jeder Form zur Sprache kommen. Schon in den Psalmen wird geklagt, geflucht, geschrien, gelobt, gedankt, sich gefreut. Nichts wird ausgelassen.

So wissen wir: Die Kernelemente des Gebets waren schon damals Klage, Bitte, Fürbitte, Dank und Lob, und sie sind es noch heute: So fragten das Meinungsforschungsinstitut *YouGov* und die Online-Plattform *statista* über 2000 Deutsche nach ihren Gebetserfahrungen. Fast die Hälfte der Menschen in unserem Land hat schon einmal gebetet. 42 Prozent bei einer Beerdigung, 38 Prozent im Gottesdienst oder bei einem rituellen Gebet, 37 Prozent für Freunde in Not, 34 Prozent in persönlicher Not, 30 Prozent in Momenten großer Dankbarkeit und des Glücks, 23 Prozent für einen besonders großen persönlichen Wunsch und ebenso viele vor einem einschneidenden Ereignis, sei es eine Operation oder ein Umzug. 16 Prozent der Deutschen haben vor Prüfungen gebetet.

Dass mehr Menschen für Freunde in Not als in eigener Not und für persönliche Angelegenheiten beten, zeigt die Relevanz der Fürbitte für uns auf. Wir alle möchten gerne helfen. In der Fürbitte erbitten wir Gottes Unterstützung, wo unsere Mittel beschränkt sind, und wir fächern unseren Nächsten frische Luft aus der ewigen Welt Gottes zu, damit sie neuen Mut und neue Kraft im und zum Leben gewinnen.

Insbesondere in Phasen großer Hilflosigkeit und fehlender eigener Wirksamkeit hilft oft auch ein Blick auf Dietrich Bonhoeffer. Auch seine Gebetspraxis bestand zum wesentlichen Teil aus der Fürbitte. Sie war in der Gefängniszelle das Einzige, was er wirksam für andere tun konnte. Und er war überzeugt, dass sie auch in seinem Leben besonders häufig positiv wirksam geworden ist: „Ich glaube, dass ich viel Bewahrung in meinem Leben der Fürbitte Bekannter und Unbekannter zu danken habe."

Auch Jesus bat im Garten Gethsemane seine Jünger Petrus, Jakobus und Johannes um ihre Fürbitte. Er hatte Angst und bat sie, wach zu bleiben und für ihn zu beten.

Währenddessen er selbst betete und sein Verrat näher rückte. Auch der Apostel Paulus machte in seinen Briefen an die von ihm gegründeten Gemeinden immer wieder deutlich, dass er für sie betet. Ebenso fordert er sie auch wiederkehrend zur gegenseitigen Fürbitte auf. So zeigt uns die Bibel: Die Fürbitte ist ein wesentliches Unterstützungssystem im Glauben. Doch wie schnell sagen wir unsere Fürbitte zu, ohne ihr nachzukommen.

Immer öfter erleben wir in Gebeten auch die Klage. Sie wurde in den letzten Jahrzehnten als Gebetsform wiederentdeckt. Gerade weil der Mensch über restlos alles mit Gott sprechen darf, soll eigene und fremde Not ungeschönt zur Sprache kommen. Dabei kann es auch, wie schon in der Bibel, zu Anklagen gegen Gott kommen.

Claus Westermann, Theologe mit alttestamentarischem Schwerpunkt, hat die große Bedeutung der Klage nach den biblischen Texten hervorgehoben: „Im Alten wie im Neuen Testament gehört die Klage ganz selbstverständlich zur menschlichen Existenz; im Psalter ist die Klage ein wichtiger, gar nicht wegzudenkender Bestandteil des Gottesdienstes und der gottesdienstlichen Sprache." Westermann erklärt, dass die Klage integrativer Bestandteil gerade auch der gelingenden Beziehung zu Gott ist. Durch sie können leidende und trauernde Menschen eine neue und tiefere Beziehung zu Gott finden, auch weil sie sich hier unbeschränkt äußern können.

Eine weitere Form des Betens ist das Lob. Westermann hat in seinen Forschungen entdeckt, dass das Loben Gottes für die Frommen im Alten Testament „eine

Weise des Daseins" ist: „Wie der Tod charakterisiert ist dadurch, dass es in ihm nicht mehr das Loben gibt, so gehört zum Leben das Loben." Die Erfüllung findet das Lob des Alten Testaments in der neutestamentlichen Gemeinde: In der Nachfolge Jesu Christi soll der Mensch mit seiner ganzen Existenz Gott loben, wobei das gesprochene Lob nur eine Weise des Gotteslobs ist. Einer der führenden ökumenischen Theologen nach dem Zweiten Weltkrieg, Edmund Schlink, beginnt „Die Lehre von Gott" in seiner Ökumenischen Dogmatik mit dem Kapitel „Der Lobpreis Gottes": „Wir haben Gott für seine großen Taten zu danken." Zum Lobpreis Gottes gehört nach den biblischen Schriften nicht nur der Dank für seine Taten, sondern auch das Rühmen Gottes um seiner selbst willen. Weil die Unerschöpflichkeit der göttlichen Vollkommenheit von keiner menschlichen Aussage eingeholt werden kann, kommt sie im Lobpreis in einer immer neuen Überschwänglichkeit zum Ausdruck. Der Lobpreis ist „vom wortlosen Jubel und Tanz umgeben", bezieht also auch den leib-seelischen Bereich ein. So ist auch diese körperliche Ausdrucksform eine Form des Gebetes.

Das selbstformulierte Gebet bleibt in alldem ein wichtiger Ausgangspunkt unseres Betens: Alles ist und bleibt erlaubt. Manche entdecken auch die Kraft der vorformulierten Worte. Dietrich Bonhoeffer beispielsweise stellt in Anlehnung an Worte Martin Luthers fest: „Wer aber den Psalter ernstlich und regelmäßig zu beten angefangen hat, der wird den anderen, leichten, eigenen, andächtigen Gebetlein bald Urlaub geben und sagen: ‚Ach, es ist nicht der Saft, Kraft, Brunst und Feuer, die ich im Psalter finde, es schmeckt mir zu kalt und zu hart.'"

In der Summe bleibt eine Anforderung an das Gebet fundamental: Es muss ein „Ort völliger Offenheit und Aufrichtigkeit, letzter Ernsthaftigkeit und vorbehaltlosen Sich-Anvertrauens" sein. Sonst verdient es seinen Namen nicht.

Viele Menschen nutzen darüber hinaus auch das vorformulierte Gebet im Gottesdienst und das freie Gebet in kleineren Gebetsgemeinschaften. Solche Formen finden sich nicht nur im Umfeld kirchlicher Gemeinden, sondern – viel öfter als erwartet – auch in den Unternehmen, vom DAX-Konzern bis zum kleinen Dienstleistungsunternehmen oder in Gruppen wie dem Arbeitskreis Evangelischer Unternehmer. Für manche überraschend, finden sich selbst im Bundestag Christen unterschiedlicher Fraktionen in Gebetskreisen zusammen. Das Gebet verbindet.

Hoffen

Wir beten, weil wir inständig hoffen, dass unser Gebet erhört wird. Diese Hoffnung erscheint vielen als natürliche Legitimation für das Gebet. Auch deshalb haben nicht wenige Menschen mit dem Beten aufgehört, weil sie den Eindruck hatten, ihr Gebetswunsch sei nicht erhört worden. Dabei ist die Gewissheit, von seinem Vater erhört zu werden, ein Kernelement der Gebete Jesu. Eines, das er auch seinen Jüngern weitergibt. In Markus 11,24 steht: „Alles, was ihr bittet in eurem Gebet, glaubt nur, dass ihr's empfangt, so wird's euch zuteilwerden." Viele zweifeln daran.

Der Leipziger Theologe Peter Zimmerling schreibt dazu: „Alle Versuche, diese Aussage in irgendeiner Weise abzuschwächen, gehen an der Intention Jesu vorbei.

Er möchte seine Jünger und Jüngerinnen zu einem hohen sorglosen Leben in Gott einladen, wie er es besonders eindrücklich in der Bergpredigt beschrieben hat. Diese Hochgemutheit des Vertrauens auf Gott zeichnet die gesamte Urchristenheit aus. Damit soll die Anfangszeit der Kirche nicht idealisiert werden. Es geht vielmehr heute darum, ‚das Außergewöhnliche als Maß des Christlichen' wiederzugewinnen." Das Problem stellt nach seiner Ansicht nicht die von Gott gegebene Verheißung der Gebetserhörung dar. Was fehlt, sei der aus dem Vertrauen auf Gott erwachsende kontra-faktische Glaube auf Seiten des Menschen. Die Verheißung Jesu gelte dem im Dienst für Gott stehenden Menschen. „Der Mitwirkende aber, der Gefährte oder (darf man sagen?) der Partner Gottes ist in manchen Augenblicken so eins mit Ihm, dass etwas vom göttlichen Vorauswissen in seinen Geist eingeht." Unter der Voraussetzung eines solchen Vertrauens zwischen Gott und Mensch wird die Verheißung der Gebetserhörung verständlich.

Hören

Wie eingangs festgestellt, ist das Gebet ein Gespräch. Der dänische Philosoph Søren Kierkegaard beschrieb es so: „Als mein Gebet immer andächtiger und innerlicher wurde, da hatte ich immer weniger und weniger zu sagen. Zuletzt wurde ich ganz still. Ich wurde – was womöglich noch ein größerer Gegensatz zum Reden ist – ein Hörer. Ich meinte erst, Beten sei Reden. Ich lernte aber, dass Beten nicht bloß Schweigen ist, sondern Hören."

Dieses kontemplative Beten lässt uns erst still werden und dann hören. Wir werden offen für Gottes Reden und Wirken. Alles andere verliert seine Wichtigkeit, und die Bitten um unsere menschlichen Belange, die uns erst noch so drängend erscheinen, werden plötzlich relativ klein in der neuen Perspektive zu Gottes Anliegen. So verlassen wir durch unser Hören und Hinhören den Selbstbezug und werden dabei frei zum Dienst am Nächsten und für Gott.

Glauben

Das Gebet ist und bleibt der eigentliche Raum des Glaubens. Jede persönliche Gebetserfahrung bleibt eine Aussage des Glaubens. Dass Gott mir oder anderen aufgrund meines Gebetes geholfen hat, ist ein Glaubensurteil. Diese Tatsache hängt mit der Gestalt von Gottes Wirken in dieser Weltzeit zusammen. Seine Liebe zum Menschen ist im Kreuzestod Jesu zugleich sichtbar geworden und verborgen geblieben. Auch nach Pfingsten bleibt Gottes Wirken im Geist verborgen. Es kann nur im Glauben erfasst werden. Als Betende sprechen und hören wir in das Schweigen Gottes hinein. Gott wird nicht immer sofort sprechen und antworten. Bisweilen wird sich sogar der Eindruck aufdrängen, dass er sich von uns Betenden zurückzieht. So schwer es manchmal fällt: Hier gilt es, Vertrauen einzuüben, dass Gott da ist und uns hört, auch wenn wir ihn nicht spüren. „Denn darin liegt ein großes Übel, dass der Mensch sich Gott in die Ferne rückt; ob nämlich der Mensch in der Ferne oder in der Nähe wandelt, Gott geht nimmer in der Ferne, er bleibt ständig in der

Nähe, und kann er nicht drinnen bleiben, so entfernt er sich doch nicht weiter als bis vor die Tür." So schrieb schon Meister Eckhart.

Beten ist unsere Bestimmung

Schon Rainer Maria Rilke wusste: „Das musst du wissen, dass dich Gott durchweht von Anbeginn." Der Leipziger Theologe Peter Zimmerling sagt sehr prägnant: „Wenn wir beten, entsprechen wir der Bestimmung, zu der Gott uns geschaffen hat. Die Schöpfungsgeschichte am Anfang der Bibel geht davon aus, dass Gott den Menschen als sprechendes Gegenüber (1. Mose 1,26 f.) erschuf." Und der Theologe Karl Heim stellte fest, dass das ganze menschliche Leben ein Sprechen ist: „Das ‚Ich', diese geheimnisvolle letzte Wirklichkeit, tut sich kund in einem Sprechen. Sein Leben ist ein Sprechen, ein ununterbrochenes Sprechen, das niemals aufhört, auch im Traum nicht, das unser ganzes Dasein, auch unsere vegetativen Funktionen und tierischen Regungen, unser ganzes Handeln und Leiden, wie eine fortwährende hohe Musik begleitet." Dieses fortwährende Sprechen findet seine Erfüllung, wenn wir als Menschen beten. Denn dann sprechen wir mit demjenigen, zu dessen sprechendem Gegenüber wir erschaffen worden sind. Indem er mit seinem Schöpfer spricht, entspricht der Mensch seinem Geschöpfsein, verwirklicht er, was er ist. Aber nicht nur das. Denn als dieses Gegenüber werden wir durch das Beten auch Teilhaber.

„Im Gebet erhält der Beter Anteil am Leben Gottes. (...) Im Gebet hebt sich für den Beter ein Stück weit der Vorhang, der die geschaffene Welt von der unsichtbaren

Welt Gottes trennt. Dem Beter geht eine neue Perspektive auf: Er beginnt die Welt mehr und mehr im Licht der Ewigkeit zu sehen. Dadurch kommt es zu einer Umgewichtung der bisherigen Prioritäten. Die Anteilhabe am Leben Gottes hat auch ontische Auswirkungen." Denn „Fürbitte heißt Teilnahme an der Weltregierung Gottes", wusste der Hallenser Erweckungstheologe August Tholuck.

Beten kann man, allen Unkenrufen zum Trotz, lernen. Es ist sehr protestantisch, einem jeden seinen und einer jeder ihren unmittelbaren Kontakt zu Gott, Christus und dem Heiligen Geist in eigener Verantwortung und Freiheit zu überlassen. Und so wollen wir es auch hier halten. Wenn deshalb noch Fragen zur Gestaltung einer persönlichen Gebetspraxis bleiben, dann sind das oft die Fragen, die uns auch die Feuerwehr im Falle eines Notrufs stellt. Fragen zum Wer, Wie, Was, Wann, Warum und Wo. Zu diesen Fragen hat sich Martin Luther sehr viele Gedanken gemacht, die er Meister Peter, dem Barbier, aufgeschrieben hat und die bis heute plausibel erscheinen.

So sehen wir, dass das Gebet eine tiefe und tragende Form des Gesprächs mit Gott sein kann. Immer aber ist dieses Gespräch getragen vom Glauben, der sich mit allen Gewissheiten und Zweifeln lebenslang entwickelt, auch in den folgenden Texten. Die Autoren geben mit ihren Texten einen sehr persönlichen Einblick in ihre Gebete und damit auch in ihre Beziehung zu Gott mit allem Danken und Erbitten, mit aller Klage und Lob. Die folgenden Gebete verdeutlichen eindrucksvoll, dass gerade Menschen, mit viel Verantwortung für Personal und Ressourcen, Menschen, von denen viel erwartet wird, darum wissen, dass nicht alles in ihrer Hand liegt und sie ihre Aufgaben nur mit Gottvertrauen erfolgreich erfüllen können. Wie im Kontakt zwischen zwei Menschen verändert sich auch das lebendige Gespräch mit Gott ständig. Doch wie groß unsere Zweifel und Zuversicht auch sind: Wer betet, ist fromm. So sah es jedenfalls der Begründer des Neuprotestantismus im 19. Jahrhundert, Friedrich Schleiermacher: „Fromm sein und beten, das ist eigentlich eins und dasselbige."

In diesem Sinne haben Sie Freude an der Lektüre dieses Buches, lassen Sie sich inspirieren von den persönlichen Einblicken der Autorinnen und Autoren in ihre Gebete und bleiben Sie fromm.

Ihr

Friedhelm Wachs
Vorsitzender des Arbeitskreises Evangelischer Unternehmer in Deutschland (aeu)

Literaturhinweise
Gebete, Anhang des neuen Evangelischen Gesangbuchs, Ausgabe für die Evangelisch-Lutherische Landeskirche Sachsens, Leipzig 2004, 812 ff.
Ulrich Köpf/Peter Zimmerling (Hrsg.), Martin Luther. Wie man beten soll. Für Meister Peter den Barbier, Göttingen 2011.
Dietrich Bonhoeffer, Die Psalmen. Das Gebetbuch der Bibel, 25. Auflage, Gießen 2021.
C. S. Lewis, Du fragst mich, wie ich bete, 5. Auflage, Einsiedeln 2011.

Warum beten wir?

Weil wir glauben.
Weil wir zweifeln.
Weil wir hoffen.
Weil wir erlöst sind.

Ute ist Krankenschwester. Sie pflegt in einem Hospiz schwerstkranke und sterbende Menschen. Menschen mit großen Schmerzen und oft dazu noch sehr einsam in ihrem Leid. Wie kann sie das nur aushalten? Tag für Tag und Nacht für Nacht? Sie sagt: „Jedes Mal, wenn ich ein Krankenzimmer betrete, sage ich vorher: Jesus, geh du mal voran. Ich komm dann nach."

Warum betet sie das? Hofft sie denn, nun einen an Körper und Geist gesundeten Patienten zu sehen? Oder ist sie so voller Verzweiflung wie Theodor Storms Schimmelreiter, der am Bett seiner todkranken Tochter betet: „Ich weiß ja wohl, du kannst nicht allezeit, wie du willst, auch du nicht; du bist allweise; du musst nach deiner Weisheit tun – o Herr, sprich nur durch einen Hauch zu mir!"

Sein Gesinde reagiert schockiert: Jetzt hat er die Allmacht Gottes geleugnet! Hat er das? Oder hat er doch nur darum gefleht: Was immer du, Herr Gott, jetzt tust, das ist das, was hier hilft. Zu seiner unermesslichen Freude – und zu seiner Überraschung – wird seine Tochter gesund. Das hatte er nicht mehr wirklich zu hoffen gewagt. Und Gott half. Dennoch.

Utes Hospizpatienten leben wahrscheinlich nur noch kurze Zeit. Ute weiß das. Was soll ihr Gebet da bewirken? Sollen sie dennoch gesund werden? Ja, Gott kann Wunder tun. Aber Ute setzt nicht darauf. Sie sagt mit diesem Stoßgebet: „ER gibt mir Kraft." Ganz schlicht. ER gibt ihr Kraft, das zu tun, was sie den Patienten schuldig ist – und es auszuhalten. Immer und immer wieder.

Die Kraft des Gebetes. Darum geht es immer. Bei jedem Gebet. Aber hilft es denn? Hilft ER? Und wie? „Ich habe heute viel zu arbeiten, darum muss ich auch viel beten." So sagte es einst Martin Luther. Und damit ist auch er wieder bei den Grundfragen des Gebets:

Beten, was nützt es? Glauben wir, dass Gott uns hilft, unsere Wünsche und Vorstellungen zu erfüllen und umzusetzen? Machen wir damit Gott nicht zu unserem Gehilfen – oder gar zu einem nützlichen Idioten ...? Das klingt fast blasphemisch. Ist Gott denn nicht allmächtig? Schon. Nur würden wir wirklich wollen, dass er die Naturgesetze und die sonstigen Regeln dieser Erde außer Kraft setzte und sie so zerstörte? Natürlich nicht. Es gilt eben auch zu überlegen, worum wir bitten. Es gibt durchaus unangemessene, ja unverschämte persönliche Wünsche – so wie im Märchen von des Fischers Frau. Dennoch dürfen wir getrost sagen, was uns auf dem Herzen liegt. In der Bibel hilft Jesus oft gerade denen, die nicht lockerlassen, und sagt dazu: „Dein Glaube hat dir geholfen." Ebenso oft ist unser Gebet aber ein anhaltendes „Flehen", das lange seiner Erfüllung harrt und doch der Platzhalter der Hoffnung ist. Gib Frieden, Herr, gib Frieden, ist solch ein flehentliches „Stoßgebet" nicht nur unserer Zeit.

Immer aber gilt: Gott ist Gott, und Gott entscheidet, ob er hilft, wie er hilft oder ob er ganz andere Wege für uns hat. Gewiss hat Martin Luther das so gesehen. Warum betet er dann und warum so viel? Gott will uns begleiten auf all unseren Wegen. In guten und in schlechten Tagen. Wie in einer guten Ehe ist ER da. Für uns. Und das ist das Wunderbare: Manchmal merkt man erst sehr viel später, dass das, was geworden ist, seiner Hilfe zu verdanken ist. Er schickt uns eben oft auf ganz andere Wege als auf die, die wir erhofften. Aber ER war bei uns. Immer sind wir in seiner Hand. Gott sei Dank. Und das ist es, warum wir beten: Beten gibt Kraft, Halt und Hoffnung. Und wofür beten wir? Für uns, für unsere Lieben, für unsere Nachbarn und für unsere Welt sowie für unsere Entscheidungen.

Allerdings geht es im Gebet nicht in erster Linie um unsere Bitten. Im Gebet halten wir Zwiesprache mit Gott. Wir drücken Zweifel aus und klagen, das gehört dazu. Wir fragen aber auch, was wir tun sollen, was in Gottes Sinn ist. Dieses gilt insbesondere für Menschen, die in besonderer Weise Verantwortung tragen für ihnen anvertraute Ressourcen, für Mitarbeiter, für ihnen anvertraute Unternehmen oder grundsätzlich für unsere Gesellschaft. Die Älteren werden sich noch an die Gespräche des Don Camillo mit Christus in der Kultserie „Don Camillo und

Peppone" erinnern. Don Camillo ist in diesen betenden Zwiegesprächen Gott so nahe, dass er sogar Witze reißt. Die Nähe des Betenden zu Gott ist Sinn und Ziel des Gebets. Hier erspüren wir unser Erlöst- und Versöhntsein durch Christus. Herz und Verstand öffnen sich so, dass wir Gott hören und glauben können, was 2. Mose 14,14 verheißt: „Der Herr wird für euch streiten, und ihr werdet stille sein." Sind wir dort angelangt, werden wir nicht vergessen, IHM zu danken und IHN zu loben. Und dann, ja dann ist unser Gebet wohl ein rechtes Gebet, das wir mit Paulus durch ein „Amen" bekräftigen dürfen: „Sorgt euch um nichts, sondern in allen Dingen lasst eure Bitten in Gebet und Flehen mit Danksagung vor Gott kundwerden! Und der Friede Gottes, der höher ist als alle Vernunft, wird eure Herzen und Sinne bewahren in Christus Jesus. Amen." (Philipper 4,6–7)

Und wie beten wir nun? Jesus Christus selbst hat es uns gezeigt, in dem Gebet, das wir „Vaterunser" nennen. Damit ist alles gesagt. Eigentlich. Denn unsere Zwiesprache mit Gott ist damit ja nicht erledigt. Wir haben doch so viel zu sagen, so viel auf dem Herzen! Und das alles dürfen wir loswerden, ihm anvertrauen. Im stillen Gebet, im „Kämmerlein", oder gemeinsam im Gottesdienst, im Gesang, in Gebetsgruppen, zu Hause bei Tisch, am Kranken- und am Sterbebett sowie in unserem Berufsalltag. IHM dürfen wir wahrhaftig alles anvertrauen! Das lehren uns die Psalmen, diese wunderbaren, manchmal auch nahezu verstörenden Gebete in der Bibel. Gott loben, ihn preisen. IHM danken – und natürlich bitten, bitten, bitten. Wir haben so viel, das uns bewegt und das uns vor Herausforderungen stellt, die wir ohne auf IHN zu vertrauen nicht schaffen können. Und dann: Wir dürfen IHM auch unsere Klagen anvertrauen und sogar unseren Zorn. Denn manchmal werden wir ihm zürnen, weil wir ihn ganz und gar nicht verstehen: Gott, warum hast du das zugelassen? Gott, warum hilfst du nicht? Manchmal gibt er uns Antwort, lässt uns Antwort finden. Aber fast immer kommen wir zur Ruhe, wenn und weil wir uns ihm anvertrauen dürfen. In Gott und bei Gott sind wir geborgen, in glücklichen und in herausfordernden Momenten, im Leben und im Sterben. Gott sei Dank!

Thomas Begrich

Amen

Dieses 1944 von Dietrich Bonhoeffer als Weihnachtsgruß aus der Nazi-Gefangenschaft geschriebene Gedicht ist für mich neben dem von Jesus Christus gelehrten „Vaterunser" das prägendste Gebet. Ich habe die Zeilen als Lied – wunderbar gesungen von Siegfried Fietz – in meine Mediathek geladen und höre sie oft unterwegs. Und kommuniziere dabei mit meinem Gott.

Inhaltlich begeistern mich das tiefe Vertrauen in den immerwährenden Beistand Gottes und seinen Trost sowie die große Hoffnung als Christenmensch, dass dieser Beistand weit über unseren Tod hinausreicht.

Und auch die Person Dietrich Bonhoeffer selbst, der diese Zeilen knapp vier Monate vor seiner Ermordung durch die Nazis schrieb, ist mir mit seinem unerschütterlichen Glauben und seiner bis zum eigenen Tode gehenden Übernahme von Verantwortung für Gerechtigkeit und Frieden eine große Inspiration. Ein Vorbild freilich, das für mich nicht wirklich erreichbar scheint, aber trotzdem im Anspruch und in der grundsätzlichen Haltung vorhanden und richtungsweisend ist.

Peter F. Barrenstein

Von guten Mächten
wunderbar geborgen

1 | Von guten Mächten treu und still umgeben,
behütet und getröstet wunderbar,
so will ich diese Tage mit euch leben
und mit euch gehen in ein neues Jahr.

2 | Noch will das alte unsre Herzen quälen,
noch drückt uns böser Tage schwere Last.
Ach Herr, gib unsern aufgeschreckten Seelen
das Heil, für das du uns geschaffen hast.

3 | Und reichst du uns den schweren Kelch, den bittern
des Leids, gefüllt bis an den höchsten Rand,
so nehmen wir ihn dankbar ohne Zittern,
aus deiner guten und geliebten Hand.

4 | Doch willst du uns noch einmal Freude schenken
an dieser Welt und ihrer Sonne Glanz,
dann wolln wir des Vergangenen gedenken,
und dann gehört dir unser Leben ganz.

5 | Lass warm und hell die Kerzen heute flammen,
die du in unsre Dunkelheit gebracht,
führ, wenn es sein kann, wieder uns zusammen.
Wir wissen es, dein Licht scheint in der Nacht.

6 | Wenn sich die Stille nun tief um uns breitet,
so lass uns hören jenen vollen Klang
der Welt, die unsichtbar sich um uns weitet,
all deiner Kinder hohen Lobgesang.

7 | Von guten Mächten wunderbar geborgen,
erwarten wir getrost, was kommen mag.
Gott ist bei uns am Abend und am Morgen
Und ganz gewiss an jedem neuen Tag.

Dietrich Bonhoeffer

Ohne zu beten könnte ich nicht Unternehmerin sein. Wenn die Zahlen schlecht sind oder wenn wir auf wichtige Zusagen warten, wäre ich nicht so gelassen, wie ich es bin. Wenn ich Entscheidungen treffen muss, die Einzelne betreffen oder die ein Risiko bedeuten, bete ich. Ich bete immer dafür, dass ich nie aufhöre, alles aus Gottes Hand zu nehmen. Viele Lieder begleiten meinen Tag. Der Psalm 23 und 121. Die Losungen. In all dem steckt eine Möglichkeit, Zwiesprache mit Gott zu halten. Aus dem Gebet wächst mir Ruhe und Zuversicht.

Bärbel Boy

Mein Gott

Sei mein Chef
Wo ich Chef bin
Wenn ich den Weg
Den ich nicht kenne
Weisen und gehen muss
Leite mich auf deinem Weg
Wenn ich über Menschen urteilen muss
Erinnere mich an dein Urteil
Du wusstest, dass ich das Kreuz
Das ich mir selbst oft bin
Nicht hätte tragen können
Weil du mir meine Schuld vergibst
Kann ich Entscheidungen treffen
Weil ich mich in deiner Hand weiß
Kann ich das Sorgen lassen

Weil du der Chef bist
Kann ich als Chef schlafen
Danke für die Gaben,
Die du in mich gelegt hast
Nimm mich damit in deinen Dienst
Nimm meine Zeit dafür in deine Hände
In deinen Händen ist es genug Zeit
Sei mein Herr, wenn ich nicht mehr
Herrin der Lage bin
Mache mich dankbar in der Niederlage,
mutig in der Krise,
klar im Chaos und demütig im Erfolg
Amen

Getragen von der Musik und den alten Texten bete ich singend, fühle ich mich dann im Innersten mit Gott verbunden. Mein Gebet ist ein Choral aus dem 1836 komponierten „Paulus" des 27-jährigen Mendelssohn. Es sind innige Worte, ganz schlicht zu singen. Zwei folgende Zeilen fallen mir schwer: „Ganz unermess'n ist seine Macht – nur das geschieht, was er bedacht." Ist das so? Wie soll ich das verstehen angesichts der heutigen geopolitischen Zustände? Hat er das bedacht, was gerade vielen Menschen an Leid geschieht? Gehört das zum göttlichen Plan? Daran zweifle ich. Hadere mit Gott. Es wiederholt sich seit Jahrhunderten, gehört es zum Menschsein dazu?

Ich singe die Bitte um Frieden. Dafür braucht es keinen Ort, manchmal ist es ein lautloses Lied in meinem Kopf. Und doch klingt das „Dona nobis pacem" in einer Kirche nicht noch mehr aus dem Herzen als im Kanon mit anderen am Tisch? Im Gebet versuche ich gedanklich, Licht in die Welt, meine Umgebung zu bringen. Ich bin erfüllt von Dank, wenn ich meine Handflächen aneinanderlege. Dank für mein so reiches Leben, für meine Familie, für die Begegnung mit Menschen, an deren Leben ich teilhaben darf, für die Freude an der Schöpfung. Manchmal mischt sich die Klage um Verlorenes hinein: „... denn ob der Leib gleich stirbt, doch wird die Seele leben." Auch diese Choral-Zeilen gehören zu meinem Gebet. Es überwiegen Dankbarkeit und Freude.

Stefanie Busold

Dir, Herr

Dir, Herr, *dir will ich mich ergeben,*
dir, dessen Eigentum ich bin.
Du nur allein, du bist mein Leben,
und Sterben wird mir dann Gewinn.
Ich lebe dir, ich sterbe dir,
sei du nur mein, so g'nügt es mir.

„Paulus", Opus 36 von Felix Mendelssohn Bartholdy, Choral 9
Oratorium nach Worten der Heiligen Schrift

Vor einigen Jahren befand sich mein Unternehmen in einer schwierigen Situation. Die Kraft für neue Produkte und Innovationen fehlte. Die bisherigen Lösungen schienen nicht mehr nachgefragt. Mich selbst hatte eine Art von Lähmung ergriffen, die mich daran hinderte, an diesem Zustand etwas zu ändern.

Ich beschloss, jeden Tag mit der Kraft des Wortes und des Gebetes zu beginnen. Dabei half mir das Lesen in einer Jahresbibel, die den Text der Bibel auf das gesamte Jahr verteilt. Seitdem hat sich viel verändert. Die Kraft kam wieder – und mit ihr die Freude an der Arbeit und an neuen Ideen. Und ein kurzes Gebet entstand, das ich bei mir trage und das mich durch den Tag trägt.

Wolfgang Dannhorn

himmlischer

Himmlischer Vater,
*steh mir heute bei mit deiner Kraft
und lass mich diesen Tag
als dein Geschenk empfangen.
Noch einmal möchte ich heute von
vorn beginnen;
denn was ich bisher tat, ist nichts.
Erfülle mich mit deinem heiligen Geist.
Und lass mich deinen Willen tun.*
Amen.

Vater

Meine Kindheits- und Jugendtage waren sehr positiv durch den Jugendverband „Entschieden für Christus" geprägt. Dort habe ich als junger Mensch Gleichaltrige kennengelernt, die so beteten, als ob Gott ein guter Freund sei. Sie verwendeten keine salbungsvollen Worte, sondern beteten so, wie es ihnen ums Herz war. Für mich war dies der Beginn einer geistlichen Reise, um als Teenager zu verstehen, dass dieser allmächtige Gott Interesse an mir hat und mich einlädt, mein Leben mit ihm zusammen zu leben. Eine Hilfestellung waren die jungen Erwachsenen um mich herum, die mir die Grundelemente des christlichen Glaubens erklärten und meine unzähligen Fragen anhörten. Mit diesen, inzwischen teils lebenslangen Freunden begann ich zu beten. Und ich bin sicher, dass zudem viele der Verantwortlichen der Jugendarbeit für mich beteten.

Mittlerweile bin ich ehrenamtlich Vorsitzender dieses Jugendverbandes und darf meine Erfahrung mit jungen, engagierten Leitungsteams kombinieren. Durch das meist freie Gebet gibt es im Jugendverband wenig bis keine Gebete neben dem Vaterunser, die regelmäßig wiederholt werden. Das „Gebet für unsere Generation" ist eine Ausnahme, es wird in einer der regelmäßigen, geistlichen Veranstaltungen namens „FoCus" gebetet. Für mich ist dieses Gebet ein langer Begleiter. Es ist unfassbar ehrlich und betont sehr unsere Abhängigkeit von unserem Herrn.

Harald Dürr

Herr Jesus

Herr Jesus,
wir wollen, dass du unsere Generation veränderst.
Aber wir selbst sind mit unseren Herzen oft weit entfernt von dir.
Oft ist das Feuer der ersten Liebe zu dir schon kalt geworden. Herr, vergib uns!
Wir brauchen deine Kraft, deine Heilung und eine echte Erneuerung.
Herr, erneuere du unsere Generation und fang damit bei uns an.
Wir wollen jetzt wieder neu umkehren zu dir. Jesus, verändere du unsere Herzen.
Amen.

Weisheit, Mäßigung, Gerechtigkeit & Tapferkeit

Dieses Gebet handelt von den vier Kardinaltugenden Weisheit, Mäßigung, Gerechtigkeit und Tapferkeit. Sie wurden in der Antike durch Platon und seine Zeitgenossen bekannt und verbreitet. Durch Paulus fanden sie – erweitert um die göttlichen Tugenden Glaube, Liebe und Hoffnung – Eingang in die christliche Lehre.

Für mich sind diese Tugenden zentrale Kategorien meiner Ethik. Im reflektiven Gespräch mit Gott versichere ich mich dieser Grundwerte und hoffe, daraus Kraft zu schöpfen, um mich den hohen Ansprüchen dieser Tugenden anzunähern.

Tilo Franz

Guter Gott,

lasse mich erkennen, was langfristig gut ist, ohne dass ich dabei meine Verantwortung für das Heute vernachlässige. Hilf mir, bei allen Entscheidungen das mögliche Ende zu bedenken.

Gib mir das Bewusstsein, dass ich Früchte ernte von Bäumen, die andere vor mir gepflanzt haben, dass ich nur so groß bin wie diejenigen, auf deren Schultern ich stehe, dass mein Erfolg und Lebensglück von Voraussetzungen abhängen, die auch mir nur geschenkt wurden. Gib mir zur richtigen Zeit die Einsicht und die Möglichkeiten, die Bäume zu pflanzen, deren Früchte künftige Generationen ernähren werden.

Lasse mich in meinem Streben nach Verbesserungen den Bogen nicht überspannen. Hilf mir zu verstehen, was Menschen bewegt, die andere Interessen vertreten als ich, und lasse mich erkennen, wenn es an der Zeit ist, ihnen Erfolge zu gönnen.

Im Zwiespalt zwischen meiner Verantwortung für das Ganze und meinem Mitgefühl für Einzelne hilf mir, eine gute Balance zu finden, und gib mir die Kraft zu klaren Entscheidungen. Bei Interessenunterschieden weise mir den Weg zu Lösungen, die alle Seiten zur Ruhe kommen lassen.

Gib mir in schweren Zeiten die Überzeugung, dass meine Arbeit einen Sinn hat für die Menschen, die mir anvertraut sind, für meine Familie und für alle, die nach mir kommen.

In Führungsaufgaben komme ich manchmal an Grenzen. Lieferanten verhalten sich anders als gewünscht, Mitarbeitende beginnen Konflikte wegen Kleinigkeiten, Aufträge brechen weg, ohne dass es an der Qualität oder Dienstleistung lag, und die Firma muss wieder stabilisiert werden. In solchen Situationen kann es durchaus passieren, dass ich über die Stränge schlage, Worte verwende, die ungemessen oder verletzend sind. Bevor ich in dieser Situation emotional steckenbleibe, ist es wichtig, dass ich mich schnell davon lösen kann. Dann hilft es mir, in diesem kurzen Gebet schnell Vergebung zu erlangen, mich von den negativen Kräften zu befreien. Vergebung macht die Situation nicht ungeschehen, jedoch befreit sie mich und macht mich neu zum Handeln fähig. Häufig kommen Klienten zu mir, die sehr lange, manche fast ein Leben lang, mit einer Situation hadern. Wenn sie es geschafft haben zu vergeben, dann ändert sich ihr Leben. Ich wünsche Ihnen, dass Sie auch die Gabe entwickeln, schnell zu vergeben. Ihre Seele wird es Ihnen danken.

Ralf Friedrich

***Jesus,** vergib du diesem Menschen,*
dass er mich, meine Bedürfnisse und Werte verletzt hat.
Jesus, in deinem Namen vergebe ich diesem Menschen,
dass er mich, meine Bedürfnisse und Werte verletzt hat.
Jesus, ich bekenne dir meine Reaktion, meine bösen Gedanken und Gefühle,
gegen mich selbst, gegen den Menschen und gegen dich.
Ich bitte dafür um Vergebung.
Amen.

geben

immer

So, wie wir üblicherweise im Kreise der Familie vor dem Essen beten, so tun wir es auch, wenn wir Gäste haben. Das Gebet „An so einem Tag" bat ich meinen Vater vor dem Festessen auf einer großen Party zu sprechen. Für mich ist es Ausdruck großer Freude und umfassenden Dankes. Perfekt für so einen Anlass.

Es kommt so ungezwungen und ohne Pathos daher. Wie befreiend.

Der Refrain „immerhin" ist seitdem mein alltägliches stilles Gebet. Jubel und Dank, wenn ich mit kurzen Armen in den Himmel greife, jenseits von Zeit, Zweck und Ziel.

„Immerhin" gibt meiner inneren Freude Ausdruck, ohne das Beklagenswerte in unserer nicht erlösten Welt zu ignorieren.

Wenn ich einem zuversichtlichen Menschen begegne, eine liebevolle, gütige Geste beobachte oder einfach so an einem lauen Abend oder wenn ein Straßenmusikant die Fußgängerzone verzaubert, wenn ich eine Herausforderung bewältigt habe, ein Wunsch so einigermaßen in Erfüllung gegangen ist, wenn bei der Arbeit gelacht wird, dann bete ich „Immerhin!".

Amelie Fritsch

An so einem Tag

Mitten am Tag
in den Himmel greifen
mit kurzen Armen
aber immerhin

Dank sei dir, Herr,
an so einem Tag
für die Fülle
für deine Gegenwart

Ins Jenseits von Zeit, Zweck und Ziel
ein flüchtiger Blick
immerhin

Wir bitten dich
an so einem Tage
segne deine reichliche Gabe.

An so einem Tag
das Andere gelten lassen
essen und nicht vergessen
wer es gemacht hat
lachen und beten
mit eiligem Mund
aber immerhin

Amen.

In Anlehnung an
Carola Moosbach
„Mitten am Tag ..."

Für mich ist dieses Glaubensbekenntnis, das mein Doktorvater Henning Schröer schon im Angesicht des Todes schrieb, Bekenntnis und Gebet zugleich. Ich spreche es im Gottesdienst mit anderen und bete es alleine, wenn ich wieder mal über die „Härte der Welt" entsetzt bin. Die wundervolle Sprache einer Theologie der Zärtlichkeit berührt mich immer wieder und stärkt mich in meinem Dienst als Pfarrer, Unternehmer und Weltbürger. Danke Henning! **Christian Frühwald**

Credo aus dem
Kleinen Katechismus der Zärtlichkeit

Ich glaube,
dass wir glauben können und sollen,
dass in der Härte der Welt
die Zärtlichkeit nicht als Schwäche,
sondern als Stärke das Leben
zu wahrer Liebe verändert.

Ich liebe es zu glauben,
dass der Glaube an die Liebe
der Hoffnung zarter Anfang ist,
denn die Zärtlichkeit ist die sanfte Gewalt,
die uns davon befreit, schon fertig zu sein.
Also sind wir miteinander unterwegs.

Ich hoffe, dass ich nicht allein glaube,
die Liebe, die stark ist wie der Tod,
lässt Stille reden, wenn wir verstummen,
umfängt uns zärtlich zur Freiheit
und lernt von den Engeln,
behutsam zugegen zu sein
wie steter Tropfen am Stein.

Henning Schröer

Viele Jahre war ich überzeugt, dass ich durch mich und meine Erfolge definiert bin.

Mein Leben war damals gefüllt von „machen" und „haben": Stress haben, keine Zeit haben, Erfolg haben. Ich war vollkommen davon überzeugt, dass sich der Sinn des Lebens aus Erfolgen ergibt. Der Glaubenssatz „nur hart verdientes Glück ist ehrliches Glück" hatte sich als Erfolgsrezept tief eingegraben. Ich nahm mir keine Zeit innezuhalten. „Stille" ertrug ich kaum, war sie doch gleichbedeutend mit „Nichtstun", „Zeitvergeudung" und kaum erträglicher Langeweile. Ich ging mir in der ständigen Bemühung nach (An-)Erkennung gründlich verloren.

Dass wir in der inneren Stille unser Sein, unsere eigene Göttlichkeit erkennen und dadurch in die Welt tragen, veränderte radikal meine Perspektive. Für das Göttliche in mir muss ich nichts tun und nichts erreichen. Ich kann so sein, wie Gott mich erschaffen hat, ganz und vollkommen. Aus dieser Erkenntnis wurde eine mühelose Kraft und die Zuversicht, von innen nach außen zu wirken, ohne dafür etwas tun oder haben zu müssen. Seitdem findet das Leben mich mit all seinen Wundern statt der Mühe, dem Erfolg hinterherzurennen. **Tina Gison-Höfling**

Gott und ich

Gott und ich, wir sind eins.
Durch das Erkennen nehme ich Gott in mich hinein,
durch die Liebe hingegen gehe ich in Gott ein.

Meister Eckhart
in: Gerhard Wehr, Hrsg., Die deutsche Mystik,
Köln 2006, Seite 67

Meine abendlichen Gebete sind kurz: Ich lasse den Tag Revue passieren und danke für die schönen Momente und Ereignisse. Die gibt es immer, selbst an eher unerfreulichen Tagen, und es tut gut, mit den positiven Erinnerungen den Tag zu beschließen.

Wenn ich Herausforderndes vor mir habe, ergänze ich das Dankgebet um eine Bitte: „Lieber Gott, bitte hilf mir, dass ich dieses oder jenes gut schaffe." Ich glaube nicht an einen interventionistischen Gott, dennoch gibt mir die Bitte Zuversicht. Die Anrede „Lieber Gott" habe ich mir aus der Kindheit bewahrt. Der nahbare Gott ist für mich das zentrale Element des Glaubens.

Ausführlicher bete ich an freien Tagen an Orten, wo ich mich Gott besonders nahe fühle, in Kirchen und in der Natur. Dort prägen eher die „großen Themen" meine Zwiesprache mit Gott: Derzeit sind dies vor allem Fremdenfeindlichkeit und Krieg.

Unter dem Titel „Ein theologischer Offenbarungseid"* erschien in der FAZ eine harsche Kritik an der päpstlichen Enzyklika Fratelli Tutti, die mich neugierig gemacht und zu deren Lektüre motiviert hat.

Am Ende der Enzyklika steht ein „Gebet zum Schöpfer", das mir sehr wichtig geworden ist.

Harald Haake

* www.faz.net/aktuell/politik/ausland/neues-vom-papst-ein-theologischer-offenbarungseid-17005830.html

Gebet zum Schöpfer

Herr und Vater der Menschheit,
du hast alle Menschen mit gleicher Würde erschaffen.
Gieße den Geist der Geschwisterlichkeit in unsere Herzen ein.
Wecke in uns den Wunsch nach einer neuen Art der Begegnung,
nach Dialog, Gerechtigkeit und Frieden.
Sporne uns an, allerorts bessere Gesellschaften aufzubauen
und eine menschenwürdigere Welt
ohne Hunger und Armut, ohne Gewalt und Krieg.
Gib, dass unser Herz sich
allen Völkern und Nationen der Erde öffne,
damit wir das Gute und Schöne erkennen,
das du in sie eingesät hast,
damit wir engere Beziehungen knüpfen
vereint in der Hoffnung und in gemeinsamen Zielen.
Amen.

Papst Franziskus,
aus Enzyklika Fratelli Tutti

Dieses vom US-amerikanischen Theologen Reinhold Niebuhr verfasste Gebet hing in meinem Elternhaus an prominenter Stelle. Als Kind konnte ich damit nicht viel anfangen. Ganz anders ist es heute. Wie oft erinnere ich mich in meinem Berufsalltag daran. Ich bin in der Vermögensanlage einer Privatbank tätig und verantworte dort den Bereich der institutionellen Kunden. Aus meiner Grundüberzeugung heraus setze ich mich engagiert für das Thema der nachhaltigen und ethischen Geldanlage ein. Es gibt unveränderbare Rahmenbedingungen, die es erforderlich machen, einen langen Atem zu haben. Dazu zählen beispielsweise die immer komplexere ESG-Regulatorik, die es gilt, im Sinne unserer Kunden umzusetzen. Hier lohnt es sich durchaus, die wichtigen Dinge mutig zu benennen und sich auch über kleine Fortschritte zu freuen. Aus diesem Grund ist mir auch der letzte Teil des Gebetes besonders wichtig: die Bitte, Weisheit zu erlangen, um Mut und Energie in die richtigen Projekte und damit in unser aller Zukunft zu investieren.

Anne Halvorsen

Gott,
gib mir die Gelassenheit, Dinge hinzunehmen, die ich nicht ändern kann,
den Mut, Dinge zu ändern, die ich ändern kann,
und die Weisheit, das eine vom anderen zu unterscheiden.

Psalm 23 ist sicher als Klassiker der Gebete anzusehen. Aber er ist gerade in der heutigen Zeit aktuell und hat viele moderne Bezüge zu unserem Leben in dieser sehr volatilen und schwierigen Welt. Für mich ist dieser Psalm eine unglaublich schöne Beschreibung der Beziehung des einzelnen Menschen zu Gott selbst und gleichzeitig ein fundamentales Bekenntnis zur menschlichen Freiheit und Zuversicht. Der Herr als Hirte ist allein deshalb ein tiefes Bekenntnis zur individuellen Freiheit, da hier klar wird, dass eben nur Gott selbst Hirte ist, kein anderer Gott, kein Mensch, keine Organisation. Und genau diese göttliche Behütung schenkt Freiheit. Das nimmt Angst und spendet lebenslang große Zuversicht und Mut.

Ja, diesen Gott duzt man, ist ihm nah und weiß, dass auch im dunkelsten Moment der Gefahr keine Furcht nötig ist. Häufig fühlen sich Menschen wie im finsteren Tal. Hier droht Gefahr, die Sinne sind eingeschränkt, wir müssen mit dem Leben ringen und drohen, schwach zu werden. Bei Gott sind wir gut aufgehoben, was immer das Leben uns bieten wird, Gutes und Barmherzigkeit werden uns auch in den schwierigen Momenten tragen. Das ist die tiefe Hoffnung und Zuversicht, die wir gerade heute brauchen. Mit Psalm 23 ist vor etwa 2500 Jahren ein Text gelungen, der alles in den Schatten stellt, was wir heute mit Hilfe künstlicher Intelligenz generieren können. Wir müssen zutiefst dankbar sein!

Stefan Hartung

Psalm 23

Der HERR ist mein Hirte,
mir wird nichts mangeln.
Er weidet mich auf einer grünen Aue
und führet mich zum frischen Wasser.
Er erquicket meine Seele.
Er führet mich auf rechter Straße
um seines Namens willen.
Und ob ich schon wanderte im finstern Tal,
fürchte ich kein Unglück;
denn du bist bei mir,
dein Stecken und Stab trösten mich.
Du bereitest vor mir einen Tisch
im Angesicht meiner Feinde.
Du salbest mein Haupt mit Öl
und schenkest mir voll ein.
Gutes und Barmherzigkeit
werden mir folgen mein Leben lang,
und ich werde bleiben
im Hause des HERRN immerdar.

Psalm 23

Gott

Gott hat mich aus einem atheistisch geprägten Elternhaus heraus im Alter von 15 Jahren klar und deutlich gerufen. In der Nacht, als ich zum Glauben fand, betete ich: „Gott, wenn es dich gibt, dann komm in mein Leben!" Mehr als zwei Jahrzehnte später, sagte Leigh Pennington, ein befreundeter amerikanischer Pfarrer, zu mir: „Wem viel gegeben ist, von dem wird viel verlangt."

Diese Worte haben mich ein Leben lang begleitet, weil ich weiß, dass Gott mich überreich beschenkt hat, indem er mich zu sich gerufen hat. – Ich wurde quasi über Nacht zum Königskind. – Der damit verbundenen Verantwortung bin ich mir bewusst. Ich lebe sie, indem ich anderen meine Energie, Kraft, Ideen, meine positive, lösungsorientierte Einstellung und mein Wissen zur Verfügung stelle. Ich vertraue darauf, dass Gott mich genau dorthin stellt, wo ich zum Segen für andere werden kann, weil er mich als Unternehmerin dazu berufen hat.

Für mich ist Gott der liebende und allmächtige Vater, der mir als seinem geliebten Kind vielfältige Möglichkeiten bietet, beruflich und privat mit anderen ein Stück des Weges gemeinsam zu gehen.

Wenn es herausfordernd wird und ich unsicher bin, bete ich: „Gott, mach die Tür zu, wenn ich nicht hindurchgehen soll! Ich will nur das haben, was du segnen kannst."

Mona Haug

*wenn es dich gibt,
dann komm
in mein Leben!*

*Denn wem viel gegeben ist,
bei dem wird man viel suchen;
und wem viel anvertraut ist,
von dem wird man umso mehr fordern.*

Lukas 12,48

Kürzlich begann für mich ein neuer beruflicher Lebensabschnitt. Ich entschied mich, meine verantwortliche Rolle in einem Großkonzern hinter mir zu lassen und übernahm die Leitung eines mittelständischen Finanzdienstleisters. In den ersten Monaten als alleiniger Geschäftsführer lernte ich etwas so richtig kennen: den permanenten Zeitmangel, der mit dieser Aufgabe einhergeht. Denn sowohl andere als auch ich selbst haben hohe Ansprüche an mein Wirken – was die Herausforderung mit sich bringt, sich selbst dabei nicht zu oft hintenanzustellen.

Der Segen bedeutet für mich zweierlei: Lass dich auf Menschen ein, für die du Verantwortung trägst und mit denen du gemeinsame Ziele hast. Höre ihnen bewusst zu und achte auch auf die Zwischentöne. Sei in deinem Handeln stets aufrichtig und klar, aber auch immer empathisch und menschlich nah. Über die Zeit lernte ich, dass dies auch für mich selbst gelten muss: Was gibt mir die innere Stärke, um meinen eigenen Ansprüchen und den Erwartungen anderer gerecht zu werden? Habe ich ausreichend Zeit für das, was mich stärkt? Auch für den Glauben und das Gebet?

Heiko Hauser

Ich wünsche dir Augen,
mit denen du einem Menschen ins Herz schauen kannst
und die nicht blind werden, aufmerksam zu sein auf das,
was er von dir braucht.

Ich wünsche dir Ohren,
mit denen du auch Zwischentöne wahrnehmen kannst,
und die nicht taub werden beim Horchen auf das,
was das Glück und die Not des anderen ist.

Ich wünsche dir einen Mund,
der das Unrecht beim Namen nennt
und der nicht verlegen ist
um ein Wort des Trostes und der Liebe zur rechten Zeit.

Jüdischer Segensspruch

Wir waren Weihnachten 2014 von Berlin nach Wertach ins schöne Allgäu zum Familienurlaub gefahren. Kleinster Kreis, meine Frau und unsere vier Kinder, Ruhe genießen, Kraft tanken, Weihnachts- und Jahreswechselgottesdienste ohne Aufgaben einfach nur genießen.

Eine berufliche Sorge drückte mich seit Oktober sehr. Ein bedeutender Mandant und Mitgesellschafter wollte sich an einen mündlich erteilten Börsenauftrag nicht mehr erinnern, ich hatte das Gespräch allein geführt und keinen Zeugen. Die betreffende Kursentwicklung verlief negativ. Er forderte eine erhebliche Schadenersatzsumme, unsere Vermögensschadenhaftpflicht musste aufgrund seiner über fünf Prozent liegenden Gesellschafterstellung nicht zahlen. Er beharrte auf seinem Standpunkt, im Januar sollten die Gespräche über eine einvernehmliche Lösung fortgesetzt werden. Ich schleppte die Last mit mir herum und wusste nicht weiter. Bevor wir zu einem Abendgottesdienst nach Kempten-St. Mang fuhren, schlug ich die Bibel auf. Mein Blick fiel auf Psalm 86 ...

Etwa vier Monate nach der vom Mandanten angezweifelten Wertpapierorder konnten wir dann mit ihm in einem harmonischen Gespräch zu einer einvernehmlichen Lösung kommen. Der Herr hatte wieder einmal so geholfen, wie nur er es kann. Dankeschön!

Timon Heinrich

*Weise mir, HERR, deinen Weg, dass ich wandle in deiner Wahrheit;
erhalte mein Herz bei dem einen, dass ich deinen Namen fürchte. ...
Du aber, Herr, Gott, bist barmherzig und gnädig, geduldig und
von großer Güte und Treue. Wende dich zu mir und sei mir gnädig;
stärke deinen Knecht mit deiner Kraft und hilf dem Sohn deiner Magd!
Tu ein Zeichen an mir, dass mir's wohlgehe, dass es sehen,
die mich hassen, und sich schämen, weil du mir beistehst, HERR,
und mich tröstest.*

Psalm 86,11–17

Es fällt mir schwer, mich auf ein klassisches Gebet einzulassen. Dennoch suche ich Gott häufig und frage ihn. Ich denke nach, besonders wenn ich mich ungewohnten Herausforderungen und Problemen gegenübersehe. Und in diesen Momenten denke ich an meinen Konfirmationsspruch, den mir mein Pfarrer, der mich besser kannte, als ich es mir vielleicht eigestehen wollte, in jungen Jahren mit auf den Weg gegeben hat. Ich kämpfe, weiß aber auch, dass ich mich in diesen Momenten, in denen ich fürchte, scheitern zu können, allein auf Christus verlassen kann und darf. Das bedeutet nicht, dass ich nicht versuche, das Bestmögliche zu erreichen; es bedeutet aber, dass ich bei allem Können und Wollen dennoch in der Hand von Christus bin, der mich führt.

Das Gebet, das ich spreche, ist ein stilles, ein ruhiges, ein schweigendes Gebet. Und mein Dank ist der Dank an Gott und Christus, die mich halten.

Christian Hirsch

*„Das Gebet beginnt im Schweigen
und endet im Schweigen:
der Erfahrung der Gegenwart Gottes."*

Gerd Heinz-Mohr

*Kämpfe den guten Kampf des Glaubens;
ergreife das ewige Leben, wozu du berufen bist.*

1. Timotheus 6,12

Die Zäsur fand im Januar 2020 statt. Gerade hatte ich mich über Weihnachten neu und motiviert in der schönen neuen Teams-Arbeitswelt eingerichtet: keine Assistenz mehr, besseres digitales Ablagesystem, Termine nur noch selbst vereinbaren, Mails immer früh vor dem Beginn des Tages nach meiner Morgenandacht bearbeiten, selbstbestimmt erreichbar. So wollte ich aufgeräumt in das neue Jahrzehnt starten. Ich glaubte mal wieder, ich hätte es in der Hand.

An einem Mittwoch im Januar 2020 erhielten wir Besuch einer kleinen chinesischen Industriedelegation, und seit diesem Besuch ist nichts mehr normal in meiner Arbeitswelt, und alles scheint seither im Wandel. Dieser Besuch markierte für mich den Auftakt zu den Multikrisen, in denen wir uns im produzierenden, energieintensiven Gewerbe seither befinden. Und ich mittendrin. Je mehr ich glaubte, selbst vor die Bugwelle eines Themas kommen zu können und selbst zu gestalten, umso mehr wurde ich gleich darauf wieder durchgeschüttelt.

„Schau von dir weg, lerne Jesus wieder neu kennen!", so sagte ein verehrter Glaubensbruder in jener Zeit zu mir. So fand mich das Gedicht der deutschen Philosophin Edith Stein, die von den Nationalsozialisten 1942 ermordet wurde. Diese Worte wurden mir zum Gebet, weil sie mich daran erinnern, durch Gott an den richtigen Platz gestellt zu sein und zum Werkzeug seiner Gnade werden zu können.

Ulrich Hornfeck

ohne Vorbehalt

*Ohne Vorbehalt und ohne Sorgen
leg ich meinen Tag in deine Hand.*

*Sei mein Heute, sei mein gläubig Morgen,
sei mein Gestern, das ich überwand.*

*Frag mich nicht nach meinen Sehnsuchtswegen,
bin aus deinem Mosaik ein Stein.*

*Wirst mich an die rechte Stelle legen,
deinen Händen bette ich mich ein.*

Edith Stein

Mitten im Taumeln der Börse nach der geplatzten Dotcom-Blase 2001, mitten im Trubel meiner New Yorker Heimat, mitten in einer Phase beruflicher und persönlicher Herausforderungen entdeckte ich einen Lobpreis des Propheten Daniel, der in einem fremden Land unter schwierigsten Bedingungen eine erfolgreiche Top-Karriere machte, ohne dabei die tiefe Demut zu verlieren, die souveräne Führungspersönlichkeiten auszeichnet. Seitdem ist das „mein" Gebet, in dem ich drei Geheimnisse spüre:

1. Gottes Majestät, sein Schöpfergenie, sein Charakter sind das größte Weltwunder.

Daniel versteht etwas von Macht und Reichtum, er arbeitet für Nebukadnezar, den geltungsbewussten Despoten. Gott dagegen: So viel Macht – dabei so viel Liebe. Solch ein Sinn für Exzellenz – dabei so viel Gnade. In mir spielt ein Symphonieorchester zusammen mit einer Rockband „Amazing Grace", ich verneige mich staunend, um diesen einfühlsamen Weltherrscher zu verehren.

2. Gott ist nicht besorgt – dann nützt es auch nichts, wenn ich mich sorge.

Change-Prozesse, Macht-Rochaden – für Gott Alltagsgeschäft. Beten erinnert mich daran: nicht Menschen – nicht Chefs, nicht Beamte, nicht Peers – entscheiden über mich, sondern Gott. Denk nicht, der Löwe schläft, wenn er nicht brüllt. Zu seiner Zeit macht er was. Also lege ich meine Sorgen auf seinen Tisch.

3. Es braucht Weisheit, um die Probleme der Welt richtig anzupacken.

Aus heiterem Himmel kreuzt wie eine plagende Eintagsfliege immer irgendwo ein Dilemma auf. Ich brauche eine salomonische Lösung, will das wirkliche Anliegen meines Gegenübers ergründen, Ideen entwickeln. Gott, bitte schenk mir Weisheit. Danke, dass du wie ein liebevoller König-Vater immer ansprechbar bist.

Daniel Hoster

gelobt sei der Name Gottes

Gelobt sei der Name Gottes von Ewigkeit zu Ewigkeit!
Er allein ist weise und mächtig.
Er ist es, der die Gewalt über Zeiten und Veränderungen hat.
Er setzt Könige ab und setzt andere als Könige ein.
Den Weisen schenkt er Weisheit und den Verständigen ihren Verstand.

Daniel 2,20–21

Als Unternehmer komme ich an die Grenzen meiner Fähigkeiten, meiner Kraft und meines Selbstvertrauens. Bin ich meiner Aufgabe, dem nächsten Schritt, der nächsten so wichtigen Strategie gewachsen? Tue ich das Richtige?

Ich finde mich wieder in Problemen ohne Lösungen und merke, dass ich letzten Endes begrenzt bin in meinen Möglichkeiten. Doch in jeder dieser Erfahrungen weiß ich, dass mein Herr Jesus Christus unbegrenzt ist in seinen Möglichkeiten. Und so weiß ich mich getragen, denn in scheinbar ausweglosen Situationen bedarf es nicht mehr Selbst-Vertrauens, sondern Gott-Vertrauens. An dieser Zuversicht erfreue ich mich, bin dankbar und gewiss, dass der Herr treu ist, wie er uns in Psalm 5,12 zusagt.

Mein Jubel und Dank beziehen sich nicht auf mich oder meine begrenzten Fähigkeiten, denn es ist Jesus in mir, der mir die Gnade, das Wollen, das Vollbringen und die Zuversicht schenkt. In jeder Situation bin ich meinem Erlöser und Versorger dankbar. Deshalb will ich über Christus jubeln und mich an ihm freuen.

Hartmut Jenner

Psalm 5

*Lass sich freuen alle, die auf dich trauen;
ewiglich lass sie rühmen, denn du beschirmst sie.
Fröhlich lass sein in dir, die deinen Namen lieben!*

Psalm 5,12

Als Mensch mit großer Verantwortung und gleichzeitigem Veränderungswillen war es für mich lange Zeit ein Zeichen der Schwäche, das Ruder im Tagesgeschehen Gott abzugeben.

Eines Tages stand ein Start-up von mir an der Wand. Trotz aller Erfahrung und Intellekts war ich am Ende meines Lateins. In dieser ausweglosen Situation dachte ich dann: Ich muss eh loslassen, warum dann nicht Gott den Schlamassel übergeben und Follower werden – das tat ich. Es geschah Unglaubliches: Termine wirbelten durcheinander – mein Verstand rebellierte – aber am Ende eine tolle Lösung – faszinierend.

Einige Zeit später war ich mit einigem angesammelten Unrat in mir nach jahrelangem Reflektieren und Coachen wieder am Ende meines Lateins. Ein guter Geschäftsfreund empfahl mir ein Seminar, und ich erlebte dort die reale Kraft Gottes – mein Verstand rebellierte wieder – aber ich überwand mich und gab das Ruder ab, und Gott mistete in mir in Minuten aus, was ich jahrzehntelang nicht loswurde.

Ich war geflashed – und startete den Turnaround: jeden Tag, jede Minute mit dieser Kraft in Verbindung sein. Dazu Raum schaffen für Gottes Wort und Geist. Und mit Gottes Gnade ständig noch existenten Unrat rauswerfen. Dabei ist mir im täglichen Auf und Ab das Lied „Ich schaffe Raum" von Urban Life Worship ein wichtiges Gebet und ständiger Reminder.

Ralf Klöpfer

Vor dir leg' ich alles hin
Was mich quält und was ich bin
Alles geb' ich dir Herr

Vor dir leg' ich alles hin
Was den Frieden von mir nimmt
Alles geb' ich dir Herr

Ich schaffe Raum für dich
Tu' was auch immer du willst, Herr
Tu' was auch immer du willst, Herr

Reiß' Mauern ein
Die mich von dir trennen
Brich alles auf
Das dich in mir eingrenzt
Dein Plan ist größer

Ich schaffe Raum für dich
Tu' was auch immer du willst, Herr
Tu' was auch immer du willst, Herr

Vor dir leg' ich alles hin
Du bist alles, was ich will
Alles geb' ich dir, Herr

alles geb' ich dir Herr

Das nebenstehende Gebet ist eigentlich ein Prototyp. Es steht für unzählige Varianten göttlicher Zusagen – etwa in den Psalmen, dem Buch Jesaja oder den Evangelien, die uns ermutigen, angesichts großer Herausforderungen ein Gebet „nach oben zu schicken".

Meist auf der Fahrt ins Büro oder vom Büro nach Hause gehen meine Gedanken hinter dem Steuer zum HERRN, will ich Lobpreis und Dank verbinden mit der Bitte um Geleit, um Schutz und Wegweisung.

Je nach Größe der bevorstehenden Herausforderung oder des erlebten Segens bieten sich verschiedene Psalmverse an wie Psalm 25,2, den ich dann nicht etwa als pathetisch empfinde. Manchmal passt aber der Lobpreis aus Psalm 23,2 besser: „Er weidet mich auf einer grünen Aue und führt mich zum frischen Wasser."

Wenn die Zeit knapp ist oder die Gedankenflut die Worte versiegen lassen, kann man all dies auch zusammenfassen im Stoßgebet: „Abba, Vater!"

Niels-Jakob Küttner

Lieber himmlischer Vater,

gelobt seist du, Herr, unser Gott, König des Universums. Ich bitte dich, mir in dieser aktuellen Herausforderung zur Seite zu stehen: „Lass mich nicht zuschanden werden" (Psalm 25,2). „Du hast mich bei meinem Namen gerufen" (Jesaja 43,1), daher weiß ich, dass du auch jetzt bei mir bist und mich trägst. Hilf mir, die richtigen Entscheidungen zu treffen. Gib mir Kraft, das Richtige mit Nachdruck jetzt zu tun und auszuhalten, dass anderes, weniger Wichtiges, bis zu einem anderen Tag warten muss. Mit dem Psalmisten schaue ich hinauf zu den Bergen, „meine Hilfe kommt von dir, vom Herrn, der Himmel und Erde gemacht hat" (Psalm 121). Ich bitte dich, segne und behüte meine Familie und mich und unser Tun, zu Hause und im Beruf.
In Jesu Namen bitte ich dich, **Amen.**

*Oder als Stoßgebet: „**Abba, Vater!**"*

Seitdem ich Vers 5 als meinen Konfirmationsspruch ausgewählt habe, begleitet mich Psalm 139. Ich nehme ihn regelmäßig in mein alltägliches Gebet auf, um Gott dafür zu danken, dass er mich kennt, mich begleitet und mir nahe ist.

Wenn ich anstehende Entscheidungen abwäge, mich um das Wohl der Menschen sorge, die mir nahestehen, oder über die rasante Entwicklung unserer sich immer schneller drehenden Welt nachdenke, dann lässt mich dieser Psalm lächeln: Gott kennt mich durch und durch. Es ist befreiend, meine Gedanken und Sorgen in seine Hände legen zu dürfen.

Das Gebet hilft mir, meinen Blick für die kleinen Freuden im Alltag zu schärfen, in denen sich Gott kaum merklich offenbart. Sei es ein klangvolles Zwitschern des Buchfinken auf dem Weg zur Arbeit. Ein Blick aus dem Fenster auf die von Sonnenstrahlen beleuchteten Baumkronen, die sich im Wind sanft bewegen. Eine flüchtige Begegnung, ein erwidertes Lächeln.

Durch dieses Gebet vergegenwärtige ich mir, dass ich Verantwortung tragen darf, aber in erster Linie von Gott getragen bin. Dass ich lieben darf, aber zuerst von Gott geliebt werde. Dass ich vergeben kann, weil Gott mir zuerst vergeben hat. Dass ich frei entscheiden darf und gleichzeitig Gott bereits einen Plan für mich hat und es gut mit mir meint.

Tamara Lang

Herr, du erforschest mich und kennst mich!
Ich sitze oder stehe auf, so weißt du es;
du verstehst meine Gedanken von ferne.
Du beobachtest mich, ob ich gehe oder liege,
und bist vertraut mit allen meinen Wegen;
ja, es ist kein Wort auf meiner Zunge,
das du, Herr, nicht völlig wüsstest.
Von allen Seiten umgibst du mich
und hältst deine Hand über mir.

Psalm 139,1–5

Psalm 139

Mein Unternehmerleben geht weiter. Unternehmersein ist keine Tätigkeit, sondern eine Geisteshaltung – die glücklicherweise mit einer entsprechenden Begabung zusammenfallen sollte. Vor einigen Jahren habe ich mit meiner Frau in den USA mit der Entwicklung und dem Betrieb von sogenannten Assisted Living Memory Care Residences begonnen (auf Deutsch Wohnheime für Demenzerkrankte). Ich treffe dort mit Menschen zusammen, die wie wir alle fest im Leben gestanden haben, denen nun aber die Selbstständigkeit genommen ist. Ihr Gehirn arbeitet reduziert, und das wirkt sich früher oder später auch auf den Körper aus. Meine Begegnungen mit diesen Menschen sind die wunderbarste Belohnung für unsere Arbeit. Mit den abnehmenden kognitiven Fähigkeiten nehmen die sensorischen und emotionalen Wahrnehmungen zu, und es kommt zu bewegenden Momenten.

Selbst älter werdend, wird mir jeden Tag bewusst, was für ein Geschenk und Segen meine Gesundheit ist. Wir nehmen sie allzu gern als selbstverständlich hin. Sie ist es allemal nicht!

Bodo Liesenfeld

Vater unser im Himmel
Geheiligt werde dein Name.
Dein Reich komme.
Dein Wille geschehe,
wie im Himmel, so auf Erden.
Unser tägliches Brot gib uns heute.
Und vergib uns unsere Schuld,
wie auch wir vergeben unsern Schuldigern.
Und führe uns nicht in Versuchung,
sondern erlöse uns von dem Bösen.
Denn dein ist das Reich und die Kraft und
die Herrlichkeit in Ewigkeit.

… und ich danke dir zutiefst für die Gnade
und das Glück meiner Gesundheit.
Die Kraft und Unversehrtheit von Körper
und Geist sind ein großes Geschenk
und ein Segen. Lass mich dessen aufmerksam
sein und mich mit deiner Hilfe verant-
wortlich zeigen, gerade dann, wenn es
schwerfällt.

Dafür bitte ich um die Klarheit, Wahrheit
und Kraft. **Amen.**

Dieses sehr kurze Gebet spreche ich gern, wenn meine Frau und ich vor den gefüllten Tellern beim Mittagessen sitzen. Wir verwenden es, seit wir nach dem Abschluss des Studiums geheiratet, eine gemeinsame Wohnung bezogen haben und trotz unterschiedlicher Tagesabläufe häufiger gemeinsam zu Mittag essen konnten. Das bei meinen Eltern übliche Tischgebet (jeden Mittag: „Komm, Herr Jesus, sei unser Gast, und segne uns, was du uns aus Gnaden bescheret hast") erschien mir in seiner Monotonie etwas abgenutzt. Da fand ich in einem Antiquariat ein Büchlein „Das Tischgebet", das 1935 veröffentlicht wurde und aus dem theologischen Aufbruch in der Jugendbewegung stammt.

Aus diesem Büchlein beteten wir eine ganze Zeit und verwendeten mal das eine, mal das andere Tischgebet zum Mittag- oder Abendessen. „Gebetet wird nur beim Warm" lautet eine Regel, die ich von meinen Eltern übernommen habe und die auf den Greifswalder Bischof Friedrich-Wilhelm Krummacher zurückgeht. Mit der Zeit haben sich Favoriten ergeben, und einer dieser besonders geschätzten Texte aus dem Büchlein steht auf der rechten Seite. Es stammt aus einem wunderbaren Mittagslied, das Jochen Klepper 1938 geschrieben hat und das mit den Worten „Der Tag ist seiner Höhe nah" beginnt. Es steht im Evangelischen Gesangbuch unter der Nummer 457 und enthält unter seinen vielen Strophen manche, die man fröhlich vor einem Essen beten kann und mit denen man für die Mahlzeit wie für den Segen Gottes, die darin zum Ausdruck kommt, danken kann.

Christoph Markschies

So tritt zum Mahl; denk an den Tisch des Herrn.
Er weiß die Beter überall und kommt zu Gaste gern.
Amen

zu Mittag

Als Unternehmerin, Mutter zweier wunderbarer Töchter, verantwortlich für die Koordination des Familienlebens und stark im Ehrenamt engagiert, stand ich schon immer unter hohem Leistungsdruck. Alle Bälle mussten irgendwie in der Luft gehalten werden. Häufig ging es ums Funktionieren, ums Liefern und darum, Erwartungen zu erfüllen – nicht zuletzt meine eigenen. Zeiten zum Innehalten waren rar. Häufig habe ich sie gefunden während der Kindergottesdienste, an denen wir regelmäßig als Familie teilnahmen.

Es gab immer diesen Moment – einen kleinen Glücksmoment, wo das Haus Gottes trotz der vielen Kinder und Menschen um einen herum für einen Moment zur Ruhe kam. Plötzlich war der Geist, der darin zu spüren war, sehr präsent und erfüllte mich vollkommen, obwohl doch gerade nichts geschah. Oder gerade deswegen. Ich saß nur in dieser Kirchenbank, wusste meine Familie und eine starke Gemeinschaft um mich und konnte mich ganz fallen lassen im Vertrauen darauf, dass alles richtig ist. Diese plötzliche Gelassenheit erfüllte mich mit Freude, und ich betete um die nötige Kraft, die ich brauchte, um begeistert meinen Weg weiterzugehen.

Sie wurde mir geschenkt und wird mir geschenkt.

Katja Mayer

hallo Gott

Ein Dialog

Ich: Hallo Gott. – **Gott:** *Hallo.*
Ich: Ich breche zusammen. Kannst du mich bitte neu zusammenbauen? – **Gott:** *Nein!*
Ich: Warum nicht? – **Gott:** *Weil du kein Puzzle bist.*
Ich: Was ist mit all den Teilen meines Lebens, die zu Boden fallen? – **Gott:** *Lass sie für eine Weile dort liegen und entscheide dann, ob du einige zurückhaben möchtest.*
Ich: Du verstehst das nicht! Ich falle auseinander! – **Gott:** *Nein, du verstehst nicht. Ich entwickele dich weiter. Was du fühlst, sind Wachstumsschmerzen. Entspanne dich, atme tief ein und lass die Teile fallen.*
Ich: Wenn ich das tue, was bleibt von mir dann übrig? – **Gott:** *Nur deine besten Teile.*
Ich: Ich habe Angst, mich zu verändern. – **Gott:** *DU VERÄNDERST DICH NICHT! DU WIRST!*
Ich: Ich werde wer? – **Gott:** *Du wirst zu dem Menschen, zu dem ich dich erschaffen habe! Ein Mensch aus Liebe, Nächstenliebe, Hoffnung, Mut, Freude, Glaube und Mitgefühl. Ich habe dich für so viel mehr erschaffen, als für diese einfachen Teile, die du mit so viel Gier und Angst festhältst. Lass diese Teile fallen. Ich liebe dich! Werde der Mensch, der ich möchte, dass du bist, den ich erschaffen habe!*
Ich: Also ... ich bin nicht kaputt? – **Gott:** *Nein. Sei! Sei, wer du wirklich bist! Ich bin bei dir.*

Nach John Roedel: Hey God.
Hey John.: What Happens When God Writes Back

Meine Bekanntschaft mit Jabez begann in Orlando/Florida im Dezember 2001. Wir kamen gerade von einer internationalen Verbandstagung in Miami Beach, bei der unsere amerikanischen Freunde überaus glücklich waren, dass wir als deutsch-europäische Delegation trotz der Ereignisse vom 11. September 2001 in die USA gereist waren. Für mich und meine Frau war es ein selbstverständlicher Akt der Solidarität mit unseren amerikanischen Kollegen – und wir wussten uns angstfrei in Gottes Hand auch bei dieser Reise.

Auf der Rückreise machten wir einen Abstecher über Orlando, und dort in einem Buchladen sprang mich ein Buchtitel an: *The Prayer of Jabez – Breaking Through to the Blessed Life* – eine Neuerscheinung aus demselben Jahr 2001 von Bruce Wilkinson. Ich kann es bis heute nicht sagen, warum mich dieser Titel ansprach – ich weiß nur wozu: um mein Glaubens- und Gebetsleben zu befruchten!

Bruno Meißner

Jabez

Jabez war angesehener als seine Brüder. Seine Mutter hatte ihm den Namen Jabez (er bereitet Schmerzen) gegeben, weil seine Geburt sehr schwer gewesen war. Aber Jabez betete zum Gott Israels und rief: „Bitte segne mich doch und erweitere mein Gebiet! Steh mir bei mit deiner Kraft und bewahre mich vor Unglück! Kein Leid möge mich treffen!" Und Gott erhörte sein Gebet.

1. Chronik 4,9–10, aus „Hoffnung für Alle"

Mein tägliches Gebet auf der Bettkante seit 20 Jahren:
Großer Gott! Bitte segne mich doch und erweitere mein Gebiet entsprechend meiner Kräfte, Fähigkeiten und Bedürfnisse! Steh mir bei mit deiner Kraft, lass mir kein Unglück widerfahren und bewahre mich vor dem Bösen! **Amen!**
Des walte Gott der Vater, der Sohn und der Heilige Geist!

Jesus am Vorabend seines Todes: Er kniet, ganz allein, von aller Welt abgesondert in einem Winkel des Gartens Gethsemane. Vielleicht war Gottes Sohn in seinem ganzen irdischen Leben nie so sehr Mensch wie in diesem Moment. In Todesnot ruft der von allen Verlassene Gott an. „Abba" („Papa"), ruft Jesus wie ein Kind und fleht darum, verschont zu werden. Doch im gleichen Moment erkennt er die Gefahr, den eigenen Willen über den Willen Gottes zu stellen.

„Dein Wille geschehe" – wie oft beten wir so im Vaterunser, und wie oft setzen wir uns selbst und unseren Willen gegen Gott und seinen Willen?! Das ist, was wir Sünde nennen. Wir lassen alle Demut fahren und glauben, aus uns selbst heraus zu wissen, was gut ist. Aber das ist nur Schein, nur Vorletztes. Denn ist, was wir wollen, wirklich unser Wille? Oder doch eher der von Influencern und Marketingspezialisten?

Wir sollen uns des eigenen Willens entkleiden, uns ganz leer machen für den vollkommenen Willen Gottes. Dies kann ich zum Beispiel im Gebet versuchen – auch wenn es manchmal wehtut. Jesus ringt im Garten mit dem eigenen Willen in größter Anstrengung. Ihn nehme ich mir bei diesem Gebet zum Vorbild.

Paul Melot de Beauregard

*dein **Wille** geschehe*

*Abba, Vater, alles ist dir möglich;
nimm diesen Kelch von mir;
Doch nicht, was ich will,
sondern was du willst!*

Markus 14,36 (Lutherbibel 2017)

Ein junges Ehepaar an meiner Hochschule. Jung verheiratet, vier kleine Kinder. Beide meine „Sportskameraden" beim Hochschulsport. Sie wechseln sich ab, mal kommt sie, mal kommt er; häufiger sie, sie ist die besser Trainierte.

Plötzlich fehlen sie beide. Er wurde beim Joggen überfahren. Sie bleibt mit den Kindern zurück.

Es gibt keine Worte.

Es gibt nur die Hoffnung und das Vertrauen.

Es gibt keinen Trost, nur seine segnende, berührende Hand.

Es gibt nur das Gebet auf der rechten Seite, das wir Sportsfreunde der Hinterbliebenen schrieben.

Ulrich Mitzlaff

*Es ist aber der Glaube eine feste Zuversicht dessen, was man hofft,
und ein Nichtzweifeln an dem, das man nicht sieht.*

Hebräer 11,1

*Es gibt Zeiten, da musst du lernen, blind zu fliegen wie Piloten im Nebel.
Du weißt, was du gewöhnlich zu tun hast. Tu es blindlings, ohne zu grübeln.
Vertrau, dass es einen gibt, der dich führt und durch den Nebel leitet.
Hab Geduld, dass der Nebel sich lichten wird und dahinter eine Sonne scheint,
die deine Welt mit Licht und Farbe erfüllen wird.
Geduld ist wie ein zärtliches Gesicht in deiner Nähe, das dich aufmunternd anblickt.
Hab Geduld, viel Geduld, auch mit dir selbst.*

Phil Bosmans

> ***Weise mir, Herr, den Weg,***
> ***den ich geh'n soll.***
> ***Dass ich in deiner Wahrheit geh ...***

Dieses Morgengebet von Martin Luther ist mir seit vielen Jahren eine große Hilfe, um möglichst geordnet in den Tag zu starten! An manchen Tagen stehe ich am Morgen voller Spannung auf und freue mich nicht so recht auf die Herausforderungen des neuen Tages. Mitarbeitergespräche, Kundenmeetings, Kostendruck ... und dann gibt es ja auch noch andere wichtige Lebensbereiche wie zum Beispiel die Familie.

Leider bin ich oft geneigt, gerade das in meinem Leben zu sehen, was schwer und kompliziert ist, und für all das Gute und Schöne ist der Blick verschleiert. Es ist eben nicht selbstverständlich, nachts schlafen zu können und den Tag gesund beginnen zu dürfen. Ich empfinde es als Gnade, dass ich Gott all das hinlegen darf, was mir Mühe und Sorge macht. Ich darf den großen Gott sogar kindlich darum bitten, dass er auf mich aufpasst, dass er mein Denken, Reden und Handeln bestimmt. Ich darf ihn auch darum bitten, dass das Böse keine Macht an mir hat, ich darf ihm einfach alles anbefehlen.

Dadurch sind zwar die zu bewältigenden Aufgaben noch nicht erledigt, ich darf aber mit der Gewissheit in den Tag starten, dass ich nicht allein bin, Gott ist treu an meiner Seite und schenkt mir Mut und Zuversicht, mich den Herausforderungen des neuen Tages zu stellen!

Werner Mohr

Luthers Morgensegen

*Ich danke dir,
mein himmlischer Vater,
durch Jesus Christus,
deinen lieben Sohn,
dass du mich diese Nacht
vor allem Schaden und Gefahr
behütet hast, und bitte dich,
du wollest mich diesen Tag
auch behüten vor Sünden
und allem Übel,
dass dir all mein Tun und Leben
gefalle.
Denn ich befehle mich,
meinen Leib und Seele und alles
in deine Hände.
Dein heiliger Engel sei mit mir,
dass der böse Feind
keine Macht an mir finde.*
Amen.

Als unser Vater für immer die Augen schloss, war es für uns als Kinder eine Erleichterung zu wissen, dass er in der Zeit seiner Krankheit immer wieder den 23. Psalm in Gedanken rezitierte. Meist auf Französisch, aus Liebe zu dieser Sprache und aus Begeisterung für die deutsch-französische Freundschaft, für die er stets aktiv war: „Le Seigneur est mon berger …" („Der Herr ist mein Hirte …"). Dieser Psalm ist mehr als nur Weltliteratur, der über die Jahrtausende Menschen getröstet, motiviert und auf Gott ausgerichtet hat. Es ist ein Bekenntnis, zu wem wir gehören, zu wem wir gehen und wer in unserem Leben alles in der Hand hält. Er bietet Trost in einer Welt voller Disruption, bei der nicht klar ist, ob diese am Ende vor allem schöpferisch oder in der Summe zerstörerisch ist. Denn obwohl wir mitten in dieser Welt leben, hat die Sünde keine Macht mehr über uns. Heil und Heilung sind nun möglich in dem, der der Mensch gewordene gute Hirte ist (Johannes 10,14): Jesus.

Hans-Jörg Naumer

Herr Jesus Christus, wir sehen durch all' die Jahrtausende, von den Zeiten König Davids bis heute, diese von Sünde zerfressene Welt. Einer Welt, die dem trügerischen Versprechen der Schlange folgt: „Ihr werdet sein wie Gott." Wir sehen die Kriege, das sinnlose Morden, den Raubbau an der Natur. Wir sorgen uns um das Morgen. Die Zukunft unserer Kinder. Wohin treibt uns der Klimawandel? Wohin treibt ein überschuldeter Staat, in dem die Verteilungskämpfe, demographisch verstärkt, zunehmen, der immer mehr in Partikularinteressen zerfällt?

Herr Jesus Christus, du bist der gute Hirte, der sein Leben lässt für die Schafe. Keiner soll verloren gehen. Hab' Dank, dass du nicht aufhörst, in dieser Welt zu wirken, einzugreifen, Menschen zu berufen. Hab' Dank, dass du mitten drin bist und der Sieg über die Sünde bereits errungen ist durch Ostern.

Herr Jesus Christus, du bist der gute Hirte, in meinem Leben, im Leben meiner Familie, in eines jeden Lebens, der dich darum bittet. Unsere Zukunft liegt in deiner Hand. Aus Zerstörerischem wird Schöpferisches, aus Tod wird Leben, aus Sünde wird Vergebung.

Darauf vertraue ich. Immer. **Amen.**

In meiner Kindheit gehörte das abendliche Gebet zum Einschlafritual. Auch heute weiß ich, welch großer Schatz da in meinen gefalteten Händen liegt – immer da, wenn man ihn braucht.

Beten ist für mich zugleich emotionale Beruhigung und spirituelle Kraftquelle.

Leitmotiv für mich ist der Psalm 23 vom guten Hirten, den ich als Konfirmand auswendig lernte und in dem sich Zuspruch, Klarheit und Schutz offenbaren.

Vor weitreichenden Entscheidungen kann ich mir Mut zusprechen, Verständnis gewinnen, Klarheit im Kopf schaffen, zur Ruhe kommen und den Fokus auf das Wesentliche legen. Ich kann Vergebung erbitten und für Betroffene Sorge tragen.

Jesus Christus hat uns von aller Schuld befreit, indem er am Kreuz für uns gestorben ist. Diese Gewissheit wirkt nachhaltig, tragend und schützend: Eine unternehmerische Entscheidung mag sich im Nachhinein als „falsch" herausstellen, musste aber getroffen werden. Und da hilft es, Gott an der Seite zu haben und mit ihm durch manch „finsteres Tal" zu wandern – und gleichsam zur eigenen Verantwortung zu stehen.

Natürlich beseitigt das Gebet nicht alle Zweifel, aber: Das Selbstvertrauen wird gestärkt, die Positionierung zur jeweiligen Situation geklärt, die verbundene kritische Entscheidung eingeordnet und die Verarbeitung potenzieller Rückschläge ermöglicht.

Was für ein Schatz in meinen Händen!

Hauke Christian Öynhausen

Herr,
bitte gib mir hier und jetzt die Kraft und Fähigkeit,
mit wachem Verstand und christlichem Kompass
in die kommende Entscheidungssituation zu gehen,
in dieser respektvoll und ausgewogen zu agieren,
und schütze mich davor,
mich durch Unwesentliches oder Unverschämtes beirren zu lassen.

Lass mich und uns
die nach menschlichem Ermessen
richtigen Entscheidungen verantwortlich treffen
und dann auch die nötige Umsicht und Klarheit
in der Kommunikation walten lassen.

Lass mich mit deiner Hilfe Erkenntnis und Kraft schöpfen,
Niedergeschlagene trösten und aufbauen,
Gesagtes und Getanes verzeihen
und mit Zuversicht in die Zukunft schauen.
Amen.

Unsere Mutter betete allabendlich mit uns drei Kindern einzeln am Bett vor der Nachtruhe. Mit meinem Bruder betete sie das „Vaterunser", mit meiner Schwester „Müde bin ich, geh zur Ruh" und mit mir das nebenstehende Gebet. Ich führe dieses Gebet als kleinen Schatz stets mit und bete es auch immer wieder, wenn eigene Worte grad fehlen.

Irgendwann im Laufe des Erwachsenwerdens fragte ich mich, ob das „einst" noch angemessen ist und wann ich es definitv durch „nun" ersetzen sollte. Wer sind die „schwachen Brüder", wenn die eigenen Kinder groß, die Eltern verstorben und die Geschwister noch voll im Saft sind?

Als Johanniter nehme ich Pflichten und Aufgaben im Orden und seinen Werken wahr. Auch im direkten Umfeld werden wir alle in der alternden Gesellschaft gebraucht. Dafür versuche ich Augen und Herz offenzuhalten und mich fröhlich auch immer wieder für andere einzubringen.

Sicher teilen wir diese wichtige Erfahrung aus dem Geschäfts- und Privatleben: Geben ist oft seliger denn nehmen.

Burkhard von der Osten

Lieber GOTT, ich bitte dich,
Führe mich und schütze mich,
Dass ich einst als rechter Mann,
Schwachen Brüdern helfen kann,
Gib auch deinen Segen,
All den Lieben groß und klein,
Lass uns lang beisammen sein,
Lass den goldenen Sonnenschein,
Über unseren Wegen.

Dieses bekannte Lied zu Psalm 139 gibt mir schon seit meiner Jugend Zuversicht und Kraft, Entscheidungen zu treffen – auch wenn es nicht immer leicht ist.

Entscheidungen können gut vorbereitet sein. Umfangreiche Überlegungen sind häufig mit eingeflossen. Manchmal muss es auch schnell gehen. Dann sind Intuition und Vertrauen gefragt. Oft können wir Entscheidungen auf eine breite Basis stellen, manche Entscheidung müssen wir aber auch ganz allein treffen. Auf jeden Fall übernehmen wir mit jeder Entscheidung Verantwortung. Verantwortung für die Gemeinschaft, für unsere Unternehmen, für die Mitarbeiter, unsere Familien, aber auch für uns selbst. Aber sind es immer die richtigen Entscheidungen? Erfüllen sie ihren Zweck, oder richtet eine falsche Entscheidung sogar Schaden an? Oft wissen wir es erst hinterher – das macht es manchmal so schwierig. Sind das Gründe, einer Entscheidung auszuweichen, sich in die Deckung und Dunkelheit zurückzuziehen? Oder es einfach anderen zu überlassen und uns aus der Verantwortung zu stehlen? Als Unternehmer haben wir diese Wahl meist nicht.

Dieses Lied gibt mir die Zuversicht und Hoffnung, auch in schwierigen Situationen auf Gott zu vertrauen – „denn Finsternis ist Licht bei dir". **Tomas Pfänder**

denn Finsternis ist Licht bei dir

*Nähme ich Flügel der Morgenröte
und bliebe am äußersten Meer,
würde auch dort deine Hand mit mir sein
und deine Hände mich halten, Herr.
Spräche ich: Finsternis möge mich decken
und Nacht statt Licht um mich sein,
wäre auch Finsternis nicht finster bei dir,
und die Nacht leuchtet wie der Sonnenschein.
Denn Finsternis ist Licht bei dir,
und deshalb dank ich dir dafür,
denn du erforschst mein Herz, siehst meinen Sinn.
Nur du kennst meinen Weg und weißt, wer ich bin.*

Liedtext nach Psalm 139

Diese Liedstrophen begleiten mich schon weit über 40 Jahre und haben seitdem nichts an ihrer Bedeutung verloren. Sie sind typisch für die Ausdrucksweise von Paul Gerhardt, dessen Sprache uns manchmal altmodisch erscheint, aber an Tiefgründigkeit bis heute unüberbietbar ist.

Es war eines der Lieblingslieder meines Vaters. Oft gemeinsam mit ihm am Klavier gespielt und gesungen, hat es sich fest bei mir eingebrannt. In der letzten Phase seines Lebens war ihm kaum noch etwas möglich, die Erinnerungen waren weg. Aber dieses Lied konnte er bis zuletzt auswendig am Klavier spielen und sich voller Gottvertrauen darin vertiefen.

Das begleitet mich bis heute – tiefes, kindliches Gottvertrauen –, so auch wörtlich in der letzten Strophe. Die Verse drücken für mich die bedingungslose Liebe Gottes aus, die wir in der Hektik unsere Zeit vielfach nicht mehr wahrnehmen und nur die Last des Lebens beklagen. Die insgesamt zwölf Strophen klammern persönliche Not und Leid nicht aus, Gottes Liebe aber rahmt alles ein. Paul Gerhardt beschreibt mit diesem Lied die Gnade und Liebe Gottes und schafft mir persönlich einen emotionalen Schutzraum, der mich bei Gott geborgen sein lässt.

Jann-Luiken Popkes

bei Gott

Sollt ich meinem Gott nicht singen,
sollt ich ihm nicht dankbar sein?
Denn ich seh in allen Dingen,
wie so gut er's mit mir mein'.
Ist doch nichts als lauter Lieben,
das sein treues Herze regt,
das ohn Ende hebt und trägt,
die in seinem Dienst sich üben.
Alles Ding währt seine Zeit,
Gottes Lieb in Ewigkeit.

Weil dann weder Ziel noch Ende
sich in Gottes Liebe findt,
ei, so heb ich meine Hände
zu dir, Vater, als dein Kind.
Bitte, wollst mir Gnade geben,
dich aus aller meiner Macht
zu umfangen Tag und Nacht
hier in meinem ganzen Leben,
bis ich dich nach dieser Zeit
lob und lieb in Ewigkeit.

Paul Gerhardt (1653)

geborgen sein

Wenn ich morgens meine Andacht halte, schließe ich sie regelmäßig mit einem Gebet ab. Meistens bete ich frei, das heißt, ich rede zu Gott wie mit einem guten Freund. Wohlwissend, dass er der allmächtige Gott ist, der alles in seiner Hand hält. Ich kann ihm alles sagen, was mich beschäftigt. Den Dank für das Gute, das mich erfreut, genauso wie die Bitten für die Sorgen des Alltags.

Es gab schon oft Situationen, in denen ich beruflich vor großen Herausforderungen stand. Dabei habe ich immer alles in meiner Macht Stehende getan, um möglichst gute Lösungen zu finden. Gleichzeitig habe ich meine Fragen aber auch Gott vorgetragen und ihn um Weisheit, Klarheit und die richtige Entscheidung gebeten. Und immer wieder durfte ich durch überraschende Wendungen oder einen Bibelvers erleben, wie er ganz konkret in meine Situation hineinspricht. Das erlebe ich als großes Geschenk.

Es hat mich stets in meinem Glauben bestärkt und lässt mich hoffen, dass ich nicht allein bin mit meinen Fragen. Ich darf zu Gott kommen und ihn um Hilfe bitten. „Sorgt euch um nichts, sondern in allen Dingen lasst eure Bitten in Gebet und Flehen mit Danksagung vor Gott kundwerden!", heißt es in Philipper 4,6. Für Gott ist kein Problem zu klein. Und keines zu groß.

Katja Potzies

danke für diesen neuen Morgen

Lieber himmlischer Vater,

danke für diesen neuen Morgen. Danke für die Nachtruhe und den Schlaf. Du beschenkst mich immer wieder mit so viel Gutem. Danke für meine Familie. Für Menschen, die mich unterstützen und mir zur Seite stehen. Für meine Freunde, die an mich glauben, auch wenn ich selbst nicht immer diesen Glauben an mich habe. Danke für Menschen, die mich ermutigen und für mich beten, wenn ich es brauche. Die zuhören, Anteil nehmen und einfach da sind. Danke für alles, was ich zum Leben brauche und ich jeden Tag so unverdient bekomme.

Ich möchte dir heute Morgen die Dinge bringen, die mich belasten: Die Ungewissheit, wie alle Rechnungen bezahlt werden sollen, genauso wie die Herausforderung, fachkundiges Personal zu finden und Menschen für die anstehenden Aufgaben zu begeistern. Du kennst all meine Sorgen, meine Zweifel und manchmal auch meine Verzweiflung. Hilf mir bitte dabei, all dies zu bewältigen.

Ich möchte alles in deine Hand legen und mein Vertrauen auf dich setzen. Geh mit mir durch diesen Tag. **Amen.**

Dieses Abendgebet sprach ich in meiner Kindheit vor jedem Zubettgehen. Zusammen mit meinen Eltern und Geschwistern knieten wir uns auf den Teppich in einem der Kinderzimmer und sangen im Anschluss ein Lied. So endete jeder Tag.

Es ist das erste Gebet, das ich kennenlernen durfte. Schon in jungen Jahren lehrte es mich, jederzeit mit dem Vater im Himmel sprechen zu können und ihm alles mir Wichtige anzuvertrauen. Ich lernte, meine Nächsten im Blick zu halten, Dank zu sagen und Liebe und Treue nicht außer Acht zu lassen.

In seiner Schlichtheit und Tiefe berührt mich dieses Gebet noch heute. Und auch wenn ich es in dieser Form nur noch selten bete, begleiten mich die genannten Werte fortwährend. In meinem Alltag als Unternehmer helfen sie mir dabei, Orientierung zu finden, Prioritäten zu setzen und Entscheidungen zu treffen.

Bis heute beende ich jeden Tag mit einem Gebet.

In dankbarem Rückblick auf die vergangenen Stunden und voll Zuversicht auf das, was kommt.

Paul von Preußen

Danke, lieber Vater, *für diesen schönen Tag.*
Bitte segne mich heute Nacht.
Segne Mama und Papa, meine Geschwister,
unsere Haustiere und deine ganze Schöpfung.
Segne Stadt und Land,
alle Glaubensgeschwister, besonders die in Not,
und meine Freunde.
Bitte vergib mir meine Schuld.
Danke, dass du mich lieb hast.
Ich habe dich auch lieb und will dir treu sein.
Amen.

danke

Demut hilft mir, die Balance zwischen Selbstbestimmung und Anerkennung der größeren systemischen Kräfte zu finden. Hier sind einige Aspekte, wie Demut in meinem Leben und meiner Arbeit funktioniert:

Ich bin überzeugt davon, dass Menschen ihr Schicksal selbst gestalten können. Das treibt mich an, andere zu inspirieren und zu motivieren, ihr volles Potenzial auszuschöpfen. Das zeigt sich in meiner Rolle als Investor und Mentor, wo ich aktiv daran arbeite, anderen zu helfen, erfolgreich zu sein. Trotz meiner Überzeugung und Bemühungen erkenne ich, dass es äußere Faktoren gibt, die außerhalb meiner Kontrolle liegen. Diese Erkenntnis ermöglicht es mir, realistisch und pragmatisch zu handeln.

Ich glaube an Gott und sehe ihn als eine symbolische und spirituelle Repräsentation des (größeren) Ganzen, das sehr weit über meine Kontrolle hinausgeht. Das hilft mir, die Grenzen meines eigenen Einflusses zu akzeptieren und gleichzeitig Vertrauen in einen größeren Plan zu haben. Dies bietet mir sowohl spirituellen Trost als auch eine philosophische Perspektive.

Ich verstehe, dass mein Erfolg nicht das Ergebnis meiner eigenen Bemühungen ist, sondern auch die Unterstützung und Zusammenarbeit vieler anderer Menschen und Faktoren erfordert. Ich bin mir der Komplexität und Interdependenz der Systeme bewusst, in denen ich lebe und arbeite, und weiß, dass ich sie nur ansatzweise verstehen und dass kein Einzelner alle Variablen kontrollieren kann.

Jörg Rheinboldt

Herr, unser Gott,

in der Unendlichkeit deiner Schöpfung erkennen wir unsere Grenzen und die Weite deiner Macht. Wir stehen hier mit unseren Kräften, um zu tun, was in unseren menschlichen Möglichkeiten liegt.

Wir sehen die Größe der Welt und ihrer Herausforderungen, die weit über unser Verständnis und unsere Fähigkeiten hinausgehen. Wir wenden uns an dich, vertrauend darauf, dass du dort eingreifst, wo wir nicht mehr können.

Lehre uns, das Mögliche mit Hingabe zu tun, zu wachsen und das Unmögliche dir zu überlassen.

Stärke unseren Glauben, dass du in allen Dingen am Werk bist, auch wenn die Last der Welt uns zu erdrücken scheint.

In deine Hände legen wir, was wir nicht tragen können, und bitten um Weisheit, zu erkennen, was uns anvertraut ist.
Amen.

In einem christlichen Unternehmerhaushalt im Remstal aufgewachsen, gehörten christliche Rituale und Strukturen zum Alltag. Deshalb begleitet mich auch das Vaterunser von jeher. Immer und immer wieder habe ich es gebetet (und bete es immer noch), bis ich eines Tages den Schatz der Worte „Dein Wille geschehe" für mich entdeckt habe. Seitdem sehe ich förmlich diese Worte vor mir, wenn ich vor einer wichtigen, wegweisenden Entscheidung stehe.

Wie oft will ich mit dem Kopf durch die Wand – immer wieder –, will Entscheidungen durchboxen. Verbunden mit sehr viel Kraft und Energie. Und sehe doch kein Vorankommen. Das Gebet lässt mich ruhig und vor allem gewiss werden, dass es gelingt, wenn ich vor wichtigen Entscheidungen die damit verbundene Last meinem HERRN zur Klärung übergebe. Ich kann loslassen und werde im aktiven Tun wunderbar geführt. Nicht immer in die Richtung, die ich wollte, aber letztlich, in der Rückschau, zu einem besseren Ergebnis, als ich es mir hätte vorstellen können.

Elsbeth Rommel

dein Wille

HERR,
nicht mein Wille geschehe, sondern DEIN Wille geschehe.
Ich komme nicht weiter, habe alles versucht, habe die Entscheidung
gut vorbereitet, habe alles in Erwägung gezogen, aber der Weg
funktioniert nicht. HERR, zeige mir den Weg, den ich gehen soll.
Nicht mein Wille, sondern DEIN Wille geschehe.

Meine Glaubensausübung hat nichts von Dogmatismus oder gar von Konvention, wenngleich ich aus der schwäbisch-pietistischen „Das tut man nicht"-Ecke Deutschlands stamme. Indessen wandelte sich der Grund meiner Verbundenheit mit der Kirche im Lauf des Lebens. Am Anfang standen Religions- und Konfirmandenunterricht, und man übernahm traditionell Verantwortung beim Ausrichten der Kinderkirche. Konfirmation, später Hochzeit und Taufe der Kinder waren selbstverständlich.

Mit zunehmender beruflicher Entwicklung fragte ich mich aber, was mir die Kirche darüber hinaus zu sagen hat. Helfen christliche Überzeugungen bei der Begründung unternehmerischen Handelns und bei der Suche nach einem Kodex im Umgang miteinander, besonders auch bei Beziehungen von Starken mit Schwachen? Grundlagen wie die Zehn Gebote helfen. Aber niemand kann aus der Bibel ohne weiteres Antworten auf komplexe Fragestellungen herauslesen. Einfache Alternativen zwischen Ja oder Nein, Richtig oder Falsch gibt es selten. Aber zu den wichtigsten Fragen für Unternehmer gehört: Hat mein Unternehmen ein Ziel, das zum Gemeinwohl beiträgt? Und ist allen Mitarbeitern klar, welchen „Wert" das Tun des Unternehmens für die Menschen darstellt? An dieser Stelle wird für mich die christliche Grundorientierung unverzichtbar.

Ulrich W. Schiefer

Ich danke dir für meine Gesundheit und dafür, rechtschaffene, motivierte und kreative Menschen um mich zu haben und laufend neue kennenlernen zu dürfen.

Ich danke dir, in einem Staat geboren worden zu sein, der eine rechtsstaatliche Grundordnung hat, die auf christlichen Werten basiert und Orientierung gibt auf schwankendem Boden.

Bitte hilf, dass ich täglich aufs Neue einen Blick für das richtige Maß entwickle, das ich im Beruf wie auch privat vorleben kann.

Lass mich auf möglichst viele Menschen – gleich welcher Herkunft – treffen, die das Herz am rechten Fleck haben, um mit ihnen gemeinsam am Gemeinwohl unseres Landes zu arbeiten. Stärke unsere Kraft, der unternehmerischen Verantwortung gerecht zu werden und positive Beiträge für die Allgemeinheit zu leisten.

Im Jahr 2006 erlebte ich in einem Young-Professionals-Kurs der Internationalen Vereinigung Christlicher Geschäftsleute (IVCG) in der Schweiz, wie wunderbar es ist, wenn man Jesus nicht nur sein privates, sondern auch sein berufliches Leben übergibt.

Ich darf Gott die Kontrolle und Führung im Beruf übergeben und erleben, dass er darin eingreift, weil ich diese auch im Gebet vor ihn bringen darf. Kein Gebet wird von ihm überhört, so seht es in 1. Johannes 5,15 geschrieben, und darauf dürfen wir vertrauen.

Immer wieder erlebe ich, wie Gott durch das Lesen der Bibel in meinen beruflichen Alltag konkret hineinspricht. Die Bibel ist meiner Ansicht nach das beste Managementhandbuch der Welt, dort können wir an vielen Beispielen lernen, wie Gott sich eine Führungskraft vorstellt.

Lesen wir das Wort Gottes betend und lassen Gott dadurch in unseren beruflichen Alltag sprechen.

Stefan Süppel

***Herr mein Gott,** du bist der Allmächtige, du hast Himmel und Erde geschaffen, du hast uns durch Jesus Christus erlöst und uns den Zugang zu dir geschenkt, dich wollen wir loben und preisen.*
Vielen Dank, dass ich mich auch mit meinen beruflichen Sorgen und Nöten an dich wenden kann.
Bitte schenke mir viel Liebe zu den Menschen, die du mir in meinem beruflichen Umfeld zur Seite gestellt hast, und deinen Heiligen Geist, um das Rechte für die Firma und den Menschen zu entscheiden.
Schenke mir die rechten und auch gewinnbringenden Aufträge.
Darum bitte ich dich in Jesu Namen.
Amen.

In dunkelster Zeit betete, dachte und schrieb der Theologe Dietrich Bonhoeffer
gegen Krieg, Gewalt und Menschenverachtung. Seine Basis war sein unerschütterlicher Glaube an Jesus Christus und daraus resultierend seine Verantwortung als Christ in dieser Welt. Konkret wurde dies für ihn in der konsequenten Ablehnung des Nationalsozialismus und dessen menschenverachtender Judenverfolgung.

Seine Schriften und Gebete sind auch heute noch eine gute Richtschnur für unser Verhalten im beruflichen und privaten Alltag.

Sein Gebet betont meine Verantwortung gegenüber meinen Mitmenschen gerade dort, wo ich gebraucht werde und handelnd tätig werden kann und darf.

Ausgehend von der grundsätzlichen Haltung als Christ vermag ich anderen Halt und Freiheit zu geben. Hinter Worten und Taten erkenne ich die Bedürfnisse. Ich verletze nicht, sondern schaffe eine Umgebung, in der Freiheit und Kreativität wachsen können. Ich lerne Wesentliches von Unwesentlichem unterscheiden und danach zu handeln.

All dies vermag ich nicht aus eigener Kraft, sondern aus dem Wissen heraus, dass ich selber von Gott getragen bin. Als Christ bleibe ich täglich ausgerichtet auf das Hören der Stimme Gottes in mir. Damit aber ist für mich das Hinhören und Hinsehen auf die Bedürfnisse meiner Mitmenschen untrennbar verbunden.

Karl Teille

Guter Gott,

segne meine Hände, dass sie behutsam sind,
dass sie halten können, ohne zur Fessel zu werden,
dass sie geben können ohne Berechnung,
dass ihnen innewohnt die Kraft zu trösten und zu segnen.
Gott, segne meine Augen, dass sie die Bedürftigkeit wahrnehmen,
dass sie das Unscheinbare nicht übersehen,
dass sie hindurchschauen durch das Vordergründige,
dass andere sich wohlfühlen können unter meinem Blick.
Gott, segne meine Ohren, dass sie deine Stimme hören,
dass sie hellhörig sind für die Stimmen der Not,
dass sie sich verschließen für den Lärm und das Geschwätz,
dass sie das Unbequeme nicht überhören.
So segne uns der allmächtige und barmherzige Gott,
der Vater, der Sohn und der Heilige Geist.
Amen.

Dietrich Bonhoeffer

Der Vers 5 aus Psalm 37 ist mein Konfirmationsspruch und hat sich über die Jahre als Motto gut bewährt. Denn solange ich mich erinnern kann, tue ich mich schwer mit einer Vorstellung von einem aktiven, lenkenden Gott, der jede Kleinigkeit berücksichtigt. Die alltäglichen Dinge sind nicht groß genug, um sie Gott vor die Füße zu legen. Die großen Fragen der Welt kennt Gott schon, da macht mein Gebet keinen Unterschied. Und dann ist da noch die Ungewissheit, dass keine hörbare Antwort zurückkommt.

Da kommt dann dieser Psalm ins Spiel, der „das scheinbare Glück der Frevler" beschreibt. Er ist die Ermutigung, einfach auf Gott zu vertrauen. Es geht in dem Psalm um den ganz grundsätzlichen Glauben, der das Wichtigste ist. Egal, wie sehr die Frevler sich mit Gewalt bereichern und im weltlichen Überfluss leben, am Ende des Tages werden nur die Gläubigen gehalten und gesegnet. Martin Luthers „sola fide" – allein durch den Glauben – spiegelt diesen Psalm später wider.

Für mich ist mein Konfirmationsspruch auch immer wieder Erinnerung, nicht kleingläubig zu werden. Ich brauche Gott nicht jeden Tag und jede Stunde anzurufen. Ich hoffe auf ihn, und er wird's wohlmachen, und in der Zwischenzeit darf ich in diesem Gottvertrauen ohne Zorn, Grimm und Neid mein Leben leben.

Hanno Terbuyken

Psalm 37

Habe deine Lust am HERRN;
der wird dir geben, was dein Herz wünscht.
Befiehl dem HERRN deine Wege
und hoffe auf ihn, er wird's wohlmachen
und wird deine Gerechtigkeit heraufführen wie das Licht
und dein Recht wie den Mittag.
Sei stille dem HERRN und warte auf ihn.
Entrüste dich nicht über den, dem es gut geht, der seinen Mutwillen treibt.
Steh ab vom Zorn und lass den Grimm,
entrüste dich nicht, dass du nicht Unrecht tust.
Denn die Bösen werden ausgerottet;
die aber des HERRN harren, werden das Land erben.

Psalm 37,4–9 (Luther 2017)

Luthers Katechismus leitet seit 500 Jahren zur eigenständigen, selbst ermutigenden Andacht am Morgen und Abend an: „Des Morgens, wenn du aufstehst, kannst du dich segnen mit dem Zeichen des heiligen Kreuzes und sagen: Das walte Gott Vater, Sohn und Heiliger Geist! Amen. Darauf kniend oder stehend das Glaubensbekenntnis und das Vaterunser sprechen. Willst du, so kannst du dies Gebet dazu sprechen." Als mündige Christin kann ich, wo immer ich bin und in aller Freiheit, meinen Tag mit gefalteten Händen und Gebet unter Gottes Orientierung stellen, Dank für Bewahrung und Bitte um gottgefälliges Leben formulieren. Und „alsdann mit Freuden an dein Werk gegangen und etwa ein Lied gesungen oder was dir deine Andacht eingibt", am Abend die entlastende Andacht mit Glaubensbekenntnis und Vaterunser und in lutherischer Freiheit der Abendsegen.

Die schon aus vormittelalterlich-klösterlicher Übung übernommenen Formulierungen helfen auch mir, jeden Morgen und Abend innezuhalten, Worte für den anbrechenden oder endenden Tag zu finden, zu danken und um Vergebung zu bitten, „wo ich Unrecht getan habe". Das orientiert und entlastet, die abendlichen Gedanken folgen dann schnell Luthers katechetischem Appell: „Alsdann flugs und fröhlich geschlafen."

Marlehn Thieme

Luthers Morgensegen

*Ich danke dir,
mein himmlischer Vater,
durch Jesus Christus,
deinen lieben Sohn,
dass du mich diese Nacht
vor allem Schaden und Gefahr
behütet hast, und bitte dich,
du wollest mich diesen Tag
auch behüten vor Sünden
und allem Übel,
dass dir all mein Tun und Leben
gefalle.
Denn ich befehle mich,
meinen Leib und Seele und alles
in deine Hände.
Dein heiliger Engel sei mit mir,
dass der böse Feind
keine Macht an mir finde.*
Amen.

*ich
danke
dir*

Luthers Abendsegen

*Ich danke dir, mein himmlischer Vater,
durch Jesus Christus, deinen lieben Sohn,
dass du mich diesen Tag gnädiglich
behütet hast, und bitte dich,
du wollest mir vergeben alle meine
Sünde, wo ich Unrecht getan habe,
und mich diese Nacht auch gnädiglich
behüten. Denn ich befehle mich,
meinen Leib und Seele und alles in
deine Hände. Dein heiliger Engel
sei mit mir, dass der böse Feind keine
Macht an mir finde.*
Amen.

Als Konfirmand beim wunderbaren Pfarrer Jungmann in der Neuwerkgemeinde Goslar hat mir dieser Psalm, dieser Satz, bereits früh das Gefühl von Weite gegeben. Wenn ich meine Füße fest auf den Boden stelle und meine Arme ausbreite, wenn ich den Rest der Welt um mich herum vergesse und einmal tief einatme, dann spüre ich, wie mir dieser Satz Luft verschafft. Noch heute füge ich jedem persönlichen Gebet diesen Satz hinzu: „Herr, du stellst meine Füße auf weiten Raum."

Als Unternehmer, als der ich mich die letzten 40 Jahre meist strebsam, zuweilen rastlos und immer zeitarm durch die Welt emporirrte, fühle ich mich dem Prediger von damals nah. Der Psalm erzählt von tiefer Einsamkeit und Verzweiflung, von Widersachern, die ihn verfolgen, gar von Fallen, die sie ihm stellen. Ich spüre, wie der Boden unter den Füßen dieses Beters gewackelt hat. Sein Weg war alles andere als vorhersehbar. Aber sein Schritt wird fest, wenn er sich in die Weite Gottes stellt.

Als Vater von fünf Kindern und Großvater zweier Enkel erlebe ich den Wandel der Zeit hautnah. Von den virtuellen Räumen dieser Tage, die vermeintlich weit sein sollen, hatte der Beter des Psalms keine Ahnung. Er hatte mit dem „weiten Raum" den weiten Raum Gottes gesehen, in den er sich stellt. Ich bete für meine Lieben und für Sie, dass das Vertrauen auf Gott das Fenster ist, durch das Licht auf ihr Leben fällt und den Raum weit macht, egal wie schwierig und unabsehbar es gerade läuft.

Thomas Voigt

Gott, auf dich vertraue ich.
Bei dir suche ich Halt.
Wenn rings um mich das Meer tobt, bist du mein Fels.
Wenn ich vom Sturm überrascht werde, bist du meine feste Burg.
Gott, auf dich verlasse ich mich.
Leite mich, wenn es dunkel um mich ist, führe mich,
wenn ich keinen Weg mehr sehe.
Wie in ein Netz verstrickt, das plötzlich über mich geworfen wurde,
so fühle ich mich.
Hilf mir heraus, denn ich habe Angst.
Wenn Einsamkeit mich überfällt und ich mich gefangen fühle:
Du bist doch da.
Du bist meine Stärke.
Ich vertraue darauf: Du lässt mich nicht fallen.
In deine Hände befehle ich meinen Geist.
Du holst mich heraus aus meiner Machtlosigkeit.
Du stellst meine Füße auf weiten Raum.

Psalm 31,
in einer modernen Übertragung

Psalm 31

Hongkong. Es ist schwül, die Klimaanlage arbeitet an ihrer Grenze. Mein Vortrag endete gerade, und die Reihe der Fragenden nimmt langsam ab. Da steckt mir eine Projektleiterin ein Papier fast heimlich zu. Ein kleiner weißer Notizzettel, wie vom Nachttisch eines Hotels, eng gefaltet auf die Größe eines Bonbons. Er verschwindet in meiner Jackentasche. Erst auf dem Rückflug fällt er mir wieder in die Hand, als ich ihn mit anderen in den Müll entsorgen möchte. Eher beiläufig öffne ich ihn, kontrollierend, ob das weggeworfen werden kann. Und dann finde ich darin diese kraftvollen Worte.

Sie entfalten in mir die Kraft protestantischer Freiheit und Verantwortung. Von innen heraus fragen sie mich mehrmals am Tag, ob ich noch auf dem richtigen Weg bin oder mich gerade verzettele. Es geht nicht um die großen Dinge. Es geht darum, mich alltäglich, manchmal mehrmals am Tag zu korrigieren, den Weg anzupassen, mich zu überprüfen. Gerne setze ich vor dieses Gebet oder nach ihm ein Vaterunser. Gerne auch Matthias Claudius' Abendlied oder Bonhoeffers Zellengebet. Im Gebet fühle ich meine Verantwortung für die von Gott gegebenen Tage, meine Freiheit, sie zu nutzen. Ob ich im Flow meiner Verantwortung nachkomme oder mit schwerem emotionalem Gepäck auf der Seele den Berg hinauflaufe. Immer erinnert mich dieses Gebet an Gottes wunderbares Geschenk meines Lebens.

Friedhelm Wachs

Dies ist der Beginn eines neuen Tages.

*Du hast mir diesen Tag gegeben, damit ich ihn nutze,
wie ich es möchte.
Ich kann ihn vergeuden oder in seinem Licht wachsen
und anderen dienen.
Aber was ich mit diesem Tag mache, ist wichtig,
denn ich habe einen Tag meines Lebens dafür eingetauscht.
Wenn der Morgen kommt, wird der heutige Tag
für immer vorbei sein.
Ich hoffe, ich werde den Preis, den ich dafür bezahlt habe,
nicht bereuen.
Herr, lass mich deshalb diesen Tag zum Besten
meiner Nächsten nutzen.*

Mein Taufspruch ist für mich Zuspruch und Auftrag zugleich. Der Auftrag eines Mentors an einen jungen Unternehmer: Ich helfe dir, etwas Großes zu schaffen, dich groß zu machen – aber setze diese Macht sinnvoll ein. Werde selbst ein Segen für die Welt.

Als Führungskraft und Unternehmerin fühle ich mich gesegnet. Meine Stärken haben mich zum Erfolg geführt. Viele Menschen haben mich unterstützt. Ich habe Hürden überwunden und Erfolge gefeiert. Immer im Vertrauen: Ich bin gesegnet.

Für diesen Segen bin ich unendlich dankbar. Jeden Tag aufs Neue.

Und ich nehme den Auftrag freudig an. Ich will ein Segen sein: Anderen Menschen helfen, in ihre Kraft zu kommen; menschliche Organisationen schaffen; Projekte unterstützen, die unsere Welt lebenswerter machen.

Denn das ist der beste Dank, den ich Gott geben kann.

Dorothea von Wichert-Nick

ich will
ein Segen sein

*Und ich will dich zum großen Volk machen
und will dich segnen und dir einen großen Namen machen.
Und du sollst ein Segen sein.*

1. Mose 12,2

Das Ordensgebet ist für alle Johanniter-Ritter ein regelmäßiger Begleiter. Es geht auf S. K. H. Prinz Albrecht von Preußen, den damaligen Herrenmeister des Ordens, zurück und wurde erstmals 1883 im Rahmen seiner Investitur über die Melodie von Mozarts Ave Verum gesungen. Seither ist es, wenn auch meist gesprochen, Teil einer jeden Zusammenkunft der Ritterbrüder.

Das Ordensgebet vereint die beiden zentralen Anliegen von uns Johannitern: Stärkung des Glaubens und Hilfe für Schwache. Die unserem Schöpfer vorgetragenen Bitten sind somit eine fortwährende Erinnerung an unseren Auftrag als Orden. Wir beten für die Hilfsbedürftigen, denen wir dienen, so wie es seit dem 11. Jahrhundert in Jerusalem stets der Fall war.

Wir bitten aber auch um die Stärkung unseren eigenen Glaubens und Beistand in Momenten der Schwäche. Persönlich beziehe ich den „Kampf zum Heil" daher ganz bewusst auf mein tägliches Ringen mit mir selbst sowie das Wissen um meine Fehlbarkeit. Wie viele Gebete haben diese Worte etwas Mahnendes und spenden gleichzeitig Trost, weiß ich doch, dass ER immer bei mir ist.

Matthias Wittenburg

segne
segne

Segne, segne, Herr, den Orden!
Dir zur Ehre will er dienstbar sein.
Sei ihm gnädig, hilfreich immer,
steh ihm bei im Kampf zum Heil.
Stärk' den Glauben an den Heiland,
der zu Ehren das Kreuz gebracht,
wehr' dem Bösen, hilf zum Guten,
dem Schwachen hilf, treu zu sein,
den Schwachen hilf! Herr, höre uns!

demut

Dass ich heute bin, wo ich bin, und habe, was ich habe, verdanke ich nicht allein meinem Wissen, meinen Fähigkeiten oder meinem Tun. Viele günstige Fügungen haben mich zur richtigen Zeit an den richtigen Ort gebracht und mir die nötigen Gedanken und die Kraft gegeben, diese umzusetzen. Diese Erkenntnis lehrt mich Demut im Erfolg, fördert Empathie im Umgang mit anderen und unterstützt mich in Zeiten des Rückschlags. All dies ist wesentlich für eine positive Entwicklung und stärkt meine Beziehung zu Gott. Er weiß weit mehr als ich, und ich kann mich stets auf ihn verlassen, denn er kennt den Ausgang.

Sascha Wolff

Herr,

ich danke dir, dass alles so ist, wie es ist. Du allein weißt, was ich brauche und was wirklich gut für mich ist. Mein Ziel ist es, ewig bei dir zu sein. Dafür vertraue ich dir gerne mein Leben an. Führe mich auf deinem Weg und stärke mein Vertrauen in deine Liebe und Weisheit. Ich bin sicher, dass du es wohl für mich und meine Lieben machst. Behüte uns und leite uns nach deinem Willen. **Amen.**

> *Befiehl dem HERRN deine Wege*
> *und hoffe auf ihn,*
> *er wird's wohl machen.*
>
> **Psalm 37,5**

Dieser Segen unseres Gemeindepfarrers in der Hohbuchgemeinde in Reutlingen begleitete mich regelmäßig an den Sonntagen, von meiner Jugend bis zum Ende meines Studiums, als ich Reutlingen verließ. Er ist ein wichtiger Bestandteil meiner spirituellen Heimat. Der Segen ist mit Sonntagen verbunden, an denen die ganze Familie in der Kirche versammelt war, er wurde das ganze Kirchenjahr über gesprochen, auch zum Beispiel bei den Konfirmationen meiner Geschwister und der Hochzeit meiner Schwester.

Als visueller Mensch ruft der Segen vor meinem inneren Auge zahlreiche Bilder hervor: Ich sehe unsere Erde im Kosmos, den Kreislauf des Lebens und den Lauf der Sonne. Unabhängig von Alter, Lebensmittelpunkt, kulturellem Hintergrund und anderen Umständen sind alle Menschen Teil einer gemeinsamen Menschheit. Der Segen vermittelt mir ein Gefühl der Verbundenheit mit meinen verstorbenen Vorfahren und geliebten Menschen, die gerade nicht in meiner Nähe sind.

Elke Wurster

sonn

Da die Erde sich dreht,
durchziehend den Weltenraum.
Da der Tag heraufdämmert
und die Nacht anbricht
von einem Land zum anderen.
So lasst uns gedenken der Menschen,
die aufwachen und die schlafen,
die geboren werden und die sterben.
Der einen Welt,
der einen Menschheit.
Dabei behüte uns der dreieinige Gott,
der Vater, der Sohn
und der Heilige Geist.
Amen.

Das ist Hoffnung und Bitte zugleich. Wunderbar formuliert in dem Lied des Jenaer Theologieprofessors Klaus-Peter Hertzsch. Er schenkte den Liedtext seiner Patentochter zur Hochzeit in Eisenach im August 1989 – drei Monate vor dem Mauerfall. Wenige Tage nach dem Mauerfall wurde das Lied dann zum Abschluss der Jenaer Friedensdekade gesungen.

Für mich sind diese Verse eine ermutigende Aufforderung Gottes an uns Menschen. Und als Gebet formuliert die Bitte an Gott, vertrauen zu können, um zuversichtlich in die Zukunft zu gehen. „Vertraut den neuen Wegen" hat meinen Mann und mich in unserem Traugottesdienst im Jahr 2000 begleitet. Und es war mir, als Gebet formuliert, immer wieder Begleiter in verschiedenen Lebenssituationen, in freudigen wie in schweren.

Auch im beruflichen Umfeld gilt es, stets neue Wege zu gehen. Veränderung begleitet uns dort kontinuierlich. Im wirtschaftlichen Kontext würde man sagen, „Veränderung als Chance" zu begreifen. Oft wissen wir nicht, wohin uns die Veränderung, die neuen Wege führen. Aber das Vertrauen, dass sie uns mit Gottes Hilfe zu etwas Gutem führen, auch wenn sich das manchmal erst aus dem Rückblick so darstellt, ist ein großes Geschenk.

Bettina von Zanthier

Vertraut den neuen Wegen

1. Vertraut den neuen Wegen,
   auf die der Herr uns weist,
   weil Leben heißt: sich regen,
   weil Leben wandern heißt.
   Seit leuchtend Gottes Bogen
   am hohen Himmel stand,
   sind Menschen ausgezogen
   in das gelobte Land.

2. Vertraut den neuen Wegen
   und wandert in die Zeit!
   Gott will, dass ihr ein Segen
   für seine Erde seid.
   Der uns in frühen Zeiten
   das Leben eingehaucht,
   der wird uns dahin leiten,
   wo er uns will und braucht.

3. Vertraut den neuen Wegen,
   auf die uns Gott gesandt!
   Er selbst kommt uns entgegen.
   Die Zukunft ist sein Land.
   Wer aufbricht, der kann hoffen
   in Zeit und Ewigkeit.
   Die Tore stehen offen.
   Das Land ist hell und weit.

Klaus Peter Hertzsch

Autorinnen- und Autorenverzeichnis

Dr. Peter F. Barrenstein
Jahrgang 1950, lebt in München und ist Senior Partner Emeritus bei McKinsey.
Peter Barrenstein ist Kuratoriumsvorsitzender des aeu.

OKR i.R. Thomas Begrich
Jahrgang 1950, war Finanzabteilungsleiter im Kirchenamt der EKD, lebt heute in Magdeburg
und engagiert sich für eine lebendige und lebensnahe Kirche.

Bärbel Boy
Jahrgang 1968, lebt in Kiel und ist CEO bei boy | Strategie+Kommunikation GmbH sowie
Mitgründerin von Skillution GmbH. Bärbel Boy engagiert sich als Vorstandsvorsitzende bei Wirtschaft
für einen weltoffenen Norden e.V.

Stefanie Busold
Jahrgang 1961, lebt in Hamburg und ist Director of Sotheby's Hamburg, Coach und Familien-
und Systemstellerin in der eigenen Firma „WandelMut".

Dr. Wolfgang Dannhorn
Jahrgang 1975, lebt in Stuttgart und ist Rechtsanwalt und Unternehmensberater.
Wolfgang Dannhorn ist Mitglied im aeu.

Harald Dürr
Jahrgang 1976, lebt in Darmstadt und ist Leiter Family Capital DACH, KKR Kohlberg Kravis Roberts.
Harald Dürr ist Mitglied im aeu.

Dr. Tilo Franz
Jahrgang 1963, lebt in Baden-Baden und ist Geschäftsführender Gesellschafter der Menzerna Polishing Compounds GmbH & Co. KG. Tilo Franz ist Sprecher der aeu-Regionalgruppe Karlsruhe/Mittelbaden.

Dr. Ralf Friedrich
Jahrgang 1965, lebt in Hamburg und ist Geschäftsführender Gesellschafter der German Project Solutions GmbH. Ralf Friedrich ist Mitglied im aeu.

Amelie Fritsch
Jahrgang 1965, lebt in Trier und ist Inhaberin von Beratung von Familienunternehmen. Amelie Fritsch ist Mitglied des Vorstands des aeu.

Pfarrer Dr. Christian Frühwald
Jahrgang 1968, lebt in Michelau und ist Geschäftsführender Gesellschafter von inclou. GmbH & Co. KG. Christian Frühwald ist Mitglied im aeu.

Tina Gison-Höfling
Jahrgang 1962, lebt in Morgarten (Kanton Zug, Schweiz) und ist Unternehmerin und Initiatorin der Geldbäckerei.

Harald Haake
Jahrgang 1962, lebt in Offenburg, ist Dipl.-Wirtsch.-Ing. und Geschäftsführender Gesellschafter von Haake & Partner Datentechnik GmbH. Harald Haake ist Mitglied im aeu.

Anne-Katrin Halvorsen
Jahrgang 1977, lebt in Hamburg und ist Leiterin Institutionelle Kunden bei der Otto M. Schröder Bank. Anne-Katrin Halvorsen ist Mitglied im aeu.

Dr. Stefan Hartung
Jahrgang 1966, lebt in Ludwigsburg und ist Vorsitzender der Geschäftsführung
der Robert Bosch GmbH. Stefan Hartung ist Mitglied im Kuratorium des aeu.

Dr. Mona Haug
Jahrgang 1967, lebt in Vaihingen an der Enz und ist Geschäftsführerin von Dr. Mona Haug & Team.
Mona Haug ist Mitglied im aeu.

Heiko Hauser
Jahrgang 1974, lebt in Kornwestheim und ist Geschäftsführer der Plansecur Unternehmensgruppe.
Heiko Hauser ist Mitglied im aeu.

Timon Heinrich
Jahrgang 1974, lebt in Buchenberg und ist Vorstand der Hansen & Heinrich AG.

Christian Hirsch
Jahrgang 1955, lebt in München und ist Managing Partner bei AmropCivitas.
Christian Hirsch ist Mitglied im aeu.

Dr. Ulrich Hornfeck
Jahrgang 1970, lebt in Naila und ist Vorstand der Sandler AG.
Ulrich Hornfeck ist Sprecher der aeu-Regionalgruppe Franken/Oberpfalz.

Daniel Hoster
Jahrgang 1968, lebt in Kronberg/Ts. und ist Chief Client Officer, Wealth Management bei der
BNP Paribas S.A. Niederlassung Deutschland. Daniel Hoster ist Mitglied des Vorstands des aeu.

Hartmut Jenner
Jahrgang 1965, lebt in Winnenden und ist Vorsitzender des Vorstands der Alfred Kärcher SE & Co. KG.
Hartmut Jenner ist Mitglied im Kuratorium des aeu.

Ralf Klöpfer
Jahrgang 1966, lebt in Karlsruhe und ist Vorstand der MVV Energie AG. Ralf Klöpfer ist Mitglied im aeu.

Dr. Niels-Jakob Küttner
Jahrgang 1979, lebt in Düsseldorf und ist Leiter Bereich Recht bei der STEAG AG.
Niels-Jakob Küttner ist Sprecher der aeu-Regionalgruppe Düsseldorf.

Tamara Lang
Jahrgang 2000, lebt in Stuttgart, studiert im deutsch-französischen Studiengang Politik- und Sozialwissenschaften, Universität Stuttgart und Sciences Po Bordeaux. Tamara Lang ist Stipendiatin der Stiftung der Deutschen Wirtschaft und Mitglied im aeu.

Bodo Liesenfeld
Jahrgang 1952, lebt in Hamburg und Boston. Er ist Geschäftsführender Gesellschafter der Liesenfeld International Holding GmbH & Co. KG. Bodo Liesenfeld ist Mitglied im Kuratorium des aeu.

Prof. Dr. Dr. Christoph Markschies
Jahrgang 1962, lebt in Berlin und ist Präsident der Berlin-Brandenburgischen Akademie der Wissenschaften. Christoph Markschies ist Mitglied im Kuratorium des aeu.

Katja Mayer
Jahrgang 1966, lebt in Hofheim a. Ts. und ist Unternehmerin, Investorin, Aufsichtsrätin u. a. der EEX European Energy Exchange AG.

Bruno Meißner
Jahrgang 1950, lebt in Hamburg und ist Gesellschafter der Meissner Expo GmbH.
Bruno Meißner ist Mitglied im aeu.

Prof. Dr. Paul Melot de Beauregard
Jahrgang 1973, lebt mit seiner Familie in Tönisvorst. Er ist Rechtsanwalt und Partner bei
Jones Day in Düsseldorf. Seit 2020 ist er stellvertretender Vorsitzender des aeu.

Dr. Ulrich Mitzlaff
Jahrgang 1967, lebt in Braunschweig und ist Sprecher der Vorstände der Süddeutschen
Krankenversicherung a. G. Süddeutsche Lebensversicherung a. G. Süddeutsche Allgemeine
Versicherung a. G. Ulrich Mitzlaff ist Mitglied im aeu.

Werner Mohr
Jahrgang 1955, lebt in Selbitz und ist Geschäftsführer der Jomos Schuhfabrik
Wilhelm Mohr GmbH+Co. KG. Werner Mohr ist Mitglied im aeu.

Dr. Hans-Jörg Naumer
Jahrgang 1967, lebt in Rodgau und ist Director Capital Markets & Thematic Research bei
Allianz Global Investors GmbH. Hans-Jörg Naumer ist Mitglied im aeu.

Burkhard von der Osten
Jahrgang 1967, lebt in Dresden, ist Ex-Banker, Business Angel, Johanniter
und Mitglied im aeu.

Dr. Hauke Christian Öynhausen
Jahrgang 1979, lebt in Bad Homburg und ist Leiter Kundenbeziehungsmanagement bei der Deutsche Leasing AG. Hauke-Christian Öynhausen ist Sprecher der aeu-Regionalgruppe Rhein-Main.

Tomas Pfänder
Jahrgang 1969, lebt in Salzkotten und ist Gründer und Vorstand der UNITY AG.
Tomas Pfänder ist Mitglied im aeu.

Jann-Luiken Popkes
Jahrgang 1968, lebt in Celle und ist Steuerberater in Hannover. Jann-Luiken Popkes ist Mitglied im aeu.

Katja Potzies
Jahrgang 1971, lebt in Berlin und ist ehemalige Vorsitzende des Vorstands der Evangelischen Stadtmission Freiburg e.V. Katja Potzies ist Mitglied im aeu.

Paul von Preußen
Jahrgang 1995, lebt in Potsdam und ist Managing Director & Founder DIGITAL8.ai.
Paul von Preußen ist Mitglied im aeu.

Jörg Rheinboldt
Jahrgang 1971, lebt in Berlin und ist General Partner bei HEARTFELT_Capital Management GmbH. Jörg Rheinboldt ist Mitglied im Kuratorium des aeu.

Elsbeth Rommel
Jahrgang 1947, lebt in Sternenfels und ist ehemalige Unternehmensberaterin, Eigentümerin „eurogranulierung", Vermahlungsbetrieb für Casein in Sternenfels. Elsbeth Rommel ist Mitglied im aeu.

Dr. Ulrich W. Schiefer
Jahrgang 1958, MBA, lebt in Stuttgart und ist Geschäftsführer der AtTrack GmbH –
Gesellschaft für Mobilität. Ulrich Schiefer ist stellvertretender Sprecher der aeu-Regionalgruppe
Württemberg. Beruflich treiben ihn bessere, sicherere und nachhaltigere Mobilität sein Leben lang um.
Er arbeitet seit 1997 ehrenamtlich in konfessionellen Unternehmerverbänden mit.

Stefan Süppel
Jahrgang 1970, lebt in Bindlach und ist Diplom-Ingenieur. Stefan Süppel ist Mitglied im aeu.

Dr. Karl Teille
Jahrgang 1962, lebt in Wolfenbüttel und ist Leiter des Instituts für Informatik der AutoUni
bei der Volkswagen AG. Karl Teille ist Mitglied im aeu.

Hanno Terbuyken
Jahrgang 1982, lebt in Berlin und ist Country Manager der ChurchDesk GmbH.
Er ist Mitglied im Verband Christlicher Pfadfinder*innen, im Präsidium des
Deutschen Evangelischen Kirchentages und im aeu.

Marlehn Thieme
Jahrgang 1957, lebt in Bad Soden und ist Vorsitzende des Aufsichtsrats der KD-Bank –
Bank für Kirche und Diakonie e.G. Dortmund. Marlehn Thieme ist Mitglied im aeu.

Thomas Voigt
Jahrgang 1959, lebt in Hamburg und leitet die Unternehmenskommunikation und
die Politischen Beziehungen der Otto Group. Thomas Voigt ist Mitglied im aeu.

Friedhelm Wachs
Jahrgang 1963, lebt in Berlin und Leipzig. Er ist Geschäftsführender Gesellschafter der Wachsonian GmbH und der Novabotics GmbH. Friedhelm Wachs ist Johanniter, Herausgeber von Zeitzeichen und Vorsitzender des aeu.

Dr. Dorothea von Wichert-Nick
Jahrgang 1967, lebt in München und ist Executive Coach und Gründerin von Volate. Dorothea von Wichert-Nick ist Mitglied im aeu.

Matthias Wittenburg
Jahrgang 1968, lebt in Radbruch bei Hamburg und ist Geschäftsführender Gesellschafter mehrerer Unternehmensberatungen. Matthias Wittenburg ist Ehrenritter des Johanniter-Ordens und Regionalsprecher des aeu in Norddeutschland.

Sascha Wolff
Jahrgang 1970, lebt in Berlin und ist Gründer und Geschäftsführer der WOLFF Daten. Menschen. Marketing. GmbH. Er ist Erster Vorsitzender der Berliner Bach Akademie.

Elke Wurster
Jahrgang 1974, lebt in Gilching und ist Head of Corporate Compliance bei TÜV SÜD. Elke Wurster ist Mitglied im aeu.

Dr. Bettina von Zanthier
Jahrgang 1967, lebt in München und ist im Bereich Konzernkommunikation und Politik bei der BMW AG tätig. Bettina von Zanthier ist Mitglied im aeu.

Die Deutsche Nationalbibliothek verzeichnet diese Publikation
in der Deutschen Nationalbibliographie; detaillierte bibliographische Daten
sind im Internet über http://dnb.dnb.de abrufbar.

2. Auflage 2025
© 2024 by Evangelische Verlagsanstalt GmbH · Blumenstr. 76 · 04155 Leipzig
info@eva-leipzig.de
Printed in Germany

Der Verlag behält sich die Verwertung des urheberrechtlich geschützten Inhalts
dieses Werkes für Zwecke des Text- und Data-Minings nach § 44 b UrhG
ausdrücklich vor. Jegliche unbefugte Nutzung ist hiermit ausgeschlossen.

Das Buch wurde auf alterungsbeständigem Papier gedruckt.

Gesamtgestaltung: Evangelische Verlagsanstalt GmbH, Leipzig
Titelillustration: Thomas Begrich
Druck und Binden: BELTZ Grafische Betriebe GmbH, Bad Langensalza

ISBN 978-3-374-07639-0
www.eva-leipzig.de

Armin Kohnle
Kurfürst Friedrich der Weise von Sachsen (1463–1525)
Eine Biographie

392 Seiten | Hardcover | 13 x 21,5 cm
mit farbigem Bildteil
ISBN 978-3-374-07642-0 | EUR 29,00 [D]
eISBN (PDF) 978-3-374-07643-7 | EUR 28,99 [D]
eISBN (E-Pub) 978-3-374-07644-4 | EUR 28,99 [D]

Am 5. Mai 2025 jährt sich der Todestag Friedrichs des Weisen zum 500. Mal. Aus diesem Anlass soll das Leben dieses, vor allem als Beschützer Martin Luthers bekannten, sächsischen Kurfürsten für ein breiteres Publikum neu beleuchtet werden. Von der Luthersache waren nur die letzten Jahre der Regierung Friedrichs überschattet, der in Reich, Territorium und Kirche auch auf anderen Feldern tiefe Spuren hinterlassen hat: als Außenpolitiker, Universitätsgründer, Kunstmäzen und Reliquiensammler. Da seit der letzten großen Biographie rund vierzig Jahre vergangen sind, kann für die Darstellung auf eine reiche jüngere Forschung und zahlreiche seither neu erschlossene Quellen zurückgegriffen werden.

EVANGELISCHE VERLAGSANSTALT
Leipzig www.eva-leipzig.de

Tel. +49 (0) 341/71141-44   shop@eva-leipzig.de

Werner Thiede
Himmlisch wohnen
Auferweckt zu neuem Leben

72 Seiten | Klappenbroschur | 12 x 19 cm
ISBN 978-3-374-07419-8 | EUR 12,00 [D]
eISBN (PDF) 978-3-374-07420-4 | EUR 9,99 [D]
eISBN (E-Pub) 978-3-374-07421-1 | EUR 9,99 [D]

Unsere Welt ist vergänglich und bietet keine bleibende Heimat. Selbst modernste Technologien und digitales Perfektionsstreben können daran trotz vollmundiger Verheißungen nichts ändern. Um so wichtiger ist es auch in unseren Zeiten, dass Menschen sich von der Hoffnung auf die Wohnung in Gottes Haus umgreifen zu lassen. Für Christen gilt: Unser Lebensweg ist ein Pilgern in die »ewige Stadt«.

In zwölf Abschnitten, denen je ein Gedicht des Verfassers vorangestellt ist, nimmt der bekannte Theologe und Sachbuchautor Werner Thiede unsere Zukunft bei Gott argumentativ und spirituell in den Blick. Hier wird nicht vertröstet, sondern getröstet – im Hören der wirkmächtigen Botschaft, die seit Jesu Auferweckung erklingt. Diese lebendige Hoffnung ist in unseren krisenhaften Zeiten nötiger denn je.

EVANGELISCHE VERLAGSANSTALT
Leipzig www.eva-leipzig.de

Tel. +49 (0) 341 / 7 11 41-44   shop@eva-leipzig.de

Werner Thiede

Himmlische Freude

Vom tiefen Glück des Glaubens

120 Seiten | Klappenbroschur | 12 x 19 cm
ISBN 978-3-374-07711-3 | EUR 15,00 [D]
eISBN (PDF) 978-3-374-07712-0 | EUR 14,99 [D]
eISBN (E-Pub) 978-3-374-07713-7 | EUR 14,99 [D]

Himmlisch! Strahlt nicht allein dieses Wort schon Freude aus? Und trägt nicht umgekehrt Freude oft genug eine Berührung mit jenem Umgreifenden in sich, das größer ist als unsere Welt? Die spirituelle Dimension von Freude zu erkunden, ist lohnend und macht Freude. Werner Thiede, der bereits vor Jahrzehnten ein Buch über »Das verheißene Lachen« und 2023 »himmlisch wohnen« veröffentlicht hat, zeigt hier, wie der Horizont der Ewigkeit im Zeichen der biblischen *Freuden*botschaft neue Lebenskraft und Hoffnung eröffnet. Er beleuchtet die mystische Dimension von Freude, ermutigt zu »positivem Glauben« und untermauert seine Ausführungen durch Beispiele aus der Kirchengeschichte – von Franziskus bis Bonhoeffer. Himmlische Freude bedeutet eine Glückseligkeit, die schon hier auf Erden beflügeln kann.

EVANGELISCHE VERLAGSANSTALT
Leipzig   www.eva-leipzig.de

Tel. +49 (0) 341 / 7 11 41-44   shop@eva-leipzig.de

Fabian Vogt
Das Bilderbuch Gottes
Wie die Gleichnisse Jesu uns
das Leben vor Augen malen

Mit Illustrationen von Joy Katzmarzik

184 Seiten | Klappenbroschur | 13,5 x 19 cm
ISBN 978-3-374-07647-5 | EUR 18,00 [D]
eISBN (PDF) 978-3-374-07648-2 | EUR 17,99 [D]

Jesus hat es geliebt, Gleichnisse zu erzählen. Das waren mitreißende Geschichten, die bis heute vor Augen malen, wie ein Leben voller Glaube, Liebe und Hoffnung aussieht ... und wie man den »Himmel auf Erden« erleben kann.

Fabian Vogt stellt zwölf dieser faszinierenden Erzählungen vor und zeigt, welche Kraft in ihnen steckt und wie sie Lust machen, das eigene Leben »weiterzumalen«. Dazu passen die inspirierenden Bilder der Künstlerin Joy Katzmarzik ganz wunderbar.

Im Anhang finden Sie zudem vielfältige Anregungen zum Weiter-Denken: für sich selbst, für Gruppen oder für Gottesdienste.

EVANGELISCHE VERLAGSANSTALT
Leipzig www.eva-leipzig.de

Tel. +49 (0) 341/7 11 41-44   shop@eva-leipzig.de

edition ✣ chrismon

Udo Hahn
Himmlische Boten
Engelworte vom Schlossbalkon

Mit Illustrationen von Caro Scharrer

128 Seiten | Paperback | 12 x 19 cm
ISBN 978-3-96038-393-2 | EUR 18,00 [D]
eISBN (PDF) 978-3-96038-394-9 | EUR 17,99 [D]

Sie halten, helfen, heilen, trösten, inspirieren, ermutigen, mobilisieren, erklären, mahnen. Sie sind Begleiter und Gefährtinnen, Boten des Friedens und der Liebe: die guten Mächte, die Hoffnung machen. Sie verbinden Himmel und Erde. Ihr Wirken ist geheimnisvoll und doch erfahrbar. Auch Menschen können zu Engeln werden. Engel sind Ausdruck unserer Hoffnung, dass das Leben gelingen kann. Sie stiften Glücksmomente im Alltag. Und manchmal schweben, stehen, klettern, umarmen oder sitzen sie einfach nur da – wie auf einem Schlossbalkon.

Udo Hahn, Pfarrer, Autor und Direktor der Evangelischen Akademie Tutzing – mit Sitz im Schloss Tutzing am Starnberger See –, schreibt, wie Engel Menschen und ihren Blick auf die Welt verändern.

EVANGELISCHE VERLAGSANSTALT
Leipzig   www.eva-leipzig.de

Tel. +49 (0) 341/7 11 41-44   shop@eva-leipzig.de

edition ┼ chrismon

Titus Müller

Das verborgene Weihnachtskind

112 Seiten | Hardcover | 11 x 18 cm
ISBN 978-3-96038-399-4 | EUR 15,00 [D]
eISBN (E-Pub) 978-3-96038-400-7 | EUR 10,99 [D]

Eine schüchterne Frau, ein alleinerziehender Vater, ein technikscheuer Rentner und Richard, der sich gehen lässt. Sie alle haben eines gemeinsam: Sie kennen sich kaum und wohnen in der fünften Etage des Hochhauses, das von der KI Athena gesteuert wird. Am Weihnachtsabend dringen plötzlich Fremde in das Haus ein, um ein Kind zu rauben. Nun muss Athena all ihre Fähigkeiten aufbieten diese unterschiedlichen Menschen zusammenzubringen, denn nur gemeinsam können sie das Schlimmste verhindern.

Titus Müller versetzt uns in seiner Weihnachtserzählung in eine Zukunft, in der künstliche Intelligenz zum Alltag gehört wie heute das Smartphone. In seinem preisgekrönten Erzählstil zeigt er, dass das Weihnachtsfest seine Magie selbst unter Extrembedingungen zu entfalten vermag.

EVANGELISCHE VERLAGSANSTALT
Leipzig   www.eva-leipzig.de

Tel. +49 (0) 341/7 11 41-44   shop@eva-leipzig.de